CÓMO MATAR A UN NARCISISTA

UNA GUÍA PRÁCTICA PARA LA SANACIÓN Y LA LIBERTAD TRAS EL ABUSO NARCISISTA

JH SIMON

Copyright © 2026 por Pony Farm Publishing

Todos los derechos reservados. Ninguna parte de esta publicación puede ser reproducida, distribuida o transmitida en ninguna forma ni por ningún medio, incluyendo fotocopias, grabaciones u otros métodos electrónicos o mecánicos, sin el permiso previo por escrito del autor, excepto en el caso de citas breves incluidas en reseñas críticas y otros usos no comerciales permitidos por la ley de derechos de autor.

Este libro no pretende sustituir el asesoramiento legal, médico o de salud mental. La intención de este libro es proporcionar asesoramiento general sobre el tema tratado. Si se requiere asesoramiento profesional o asistencia de expertos, se debe buscar.

ISBN: 978-0-6458208-6-7

Contenido

Cuando por fin se te cae la venda 7
    Tras el espejo 10
    Afila tu espada 11
Desenmascarar el régimen narcisista 13
La vida bajo un régimen narcisista 17
¿Por qué yo? Cómo convertirse en persona objetivo 21
    Aprovechan mientras son pequeños 21
    La persona objetivo ideal 23
Dioses mortales 27
    La emoción parental 27
    El poder normalizador de la vergüenza 29
    Adáptate y compórtate bien: estar a la altura y
    hacerlo bien 31
    El continuo vergüenza/grandiosidad 35
    La ley de la grandiosidad 36
    La emoción incomprendida 39
    Cuando la vergüenza se vuelve tóxica 40
El núcleo del narcisista 43
    Compañeros en la vergüenza 50
    Responder a la desvergüenza 51
El núcleo de la persona objetivo 55
    Sobre el yo verdadero 55

Contenido

    Sobre el ego 57
    Sobre el yo falso 58
    Buscar en el lugar equivocado 61
    Adiós, mundo 65
    Un ego integrado 67
    Las consecuencias de la disociación 68
El juego 73
Comienza el juego: Control mental para principiantes 77
    Superioridad sancionada 77
    Encanto 80
    Secuestrando tu realidad 84
Comprender tus obstáculos 89
    Obstáculo 1: Enmarañamiento 90
    Obstáculo 2: La jaula psicológica 90
    Obstáculo 3: Hambre de amor 91
    Obstáculo 4: Baja tolerancia a la vergüenza 92
    Obstáculo 5: El miedo 92
    Obstáculo 6: La culpa 93
    Obstáculo 7: Adicción a la desvergüenza 94
    Mantén el rumbo 95
Destruir el mito 97
Un plan para sanar 99
Práctica 1: Encontrar aliados 105
    Resonancia límbica 106
    La dura verdad sobre la familia 108
    Encontrar un verdadero aliado 109
    Amigos 113
Práctica 2: Liberar tu yo verdadero 115
    Da forma a tu yo verdadero 116
    Siéntate y espera 119

Contenido

La delgada línea entre el pensamiento y el yo verdadero 123
Práctica 3: Mejorar tus habilidades 125
Práctica 4: Atreverse a brillar 131
   Sé especial, sé justo 132
   Adelante y conquista... tu vergüenza 135
Práctica 5: Equilibrar la balanza 137
   El desequilibrio de la inversión emocional 138
   La trampa de la inversión emocional 140
   La trampa del humor 141
   La trampa de la conversación 142
Práctica 6: Establecer límites 145
   Tener algo que defender 147
   Perder los estribos 150
   Ya es suficiente 152
Práctica 7: Tierra quemada 155
   No toques la patata caliente 158
No muerdas el cebo 161
El juego de la culpa 165
   Confía, pero verifica 166
Nuevos comienzos 169
   Golpe de estado 170
   Fuera lo viejo, dentro lo nuevo 172
La venganza es un plato que es mejor no servir 173

Cuando por fin se te cae la venda

El hombre es libre en el momento en que desea serlo.

— *Voltaire*

El mero hecho de que estés leyendo este libro significa que vas por buen camino. Quizás algún acontecimiento concreto hizo estallar la burbuja y, como resultado, algo despertó en ti. No sabías muy bien qué era, pero lo sentiste. Tal vez ocurrió cuando alguien importante en tu vida se excedió, y finalmente te dijiste: «Esto no es normal. ¿Por qué estoy tolerando esta porquería?». No tenías muy claro qué era lo «normal», pero entendías que la unión que tenías con esa persona definitivamente no lo era.

A partir de ese momento, probablemente empezaste a darte cuenta de varias cosas sobre tu relación:

- **Es desequilibrada:** la otra persona parece tener el control y la última palabra, y tú tienes que esforzarte para estar a su nivel. Sus problemas siempre van primero. Cuando intentas expresarte o hacerte valer, la otra persona encuentra la manera de someterte y volver a centrar la atención en sí misma.

- **Es manipuladora:** como si te hubiera lanzado un hechizo, parece que la otra persona tiene una extraña habilidad para manejarte y salirse con la suya. A menudo no quieres que lo haga, pero simplemente ocurre. Cuando intentas influir en ella, te encuentras con tantos obstáculos que acabas rindiéndote.
- **Es invasiva:** la otra persona ocupa un lugar permanente en tu mente. No parece haber separación psicológica alguna entre tú y ella, e invade tu espacio emocional sin esfuerzo. Anhelas cierta separación y «aire» psicológico, pero acabas sintiéndote enormemente culpable. Ser un individuo distinto que controla su destino no parece una opción con esa persona en tu vida.
- **Es rígida:** la relación no crece ni cambia. Todo se vuelve rutina, un ciclo que se repite, y deseas que haya algo más.
- **Es agotadora:** andas con pies de plomo alrededor de esa persona. No hay una razón clara. Su presencia te pone tenso, como si no estuvieras a la altura y tuvieras que demostrarle tu valía.
- **Es opresiva:** se da por hecho que la otra persona es superior a ti. Cada encuentro te deja una sensación de pequeñez y desesperación.
- **Es vacía:** la relación te deja un hueco por dentro. No hay calidez ni alimento emocional; solo una especie de tristeza constante.
- **Es desconcertante:** parece que nunca encuentras un terreno firme. Siempre hay algún drama que abordar, o algo que no le gusta a la otra persona y que sientes que tienes

que arreglar. Anhelas paz y seguridad, pero se te escapan de las manos.
- **Es absorbente:** parece que hay una fuerza invisible que te atrae hacia la otra persona. Aunque logres alejarte, basta un mensaje o una pregunta para que vuelvas a caer en sus redes. Te sientes impotente para resistir esta fuerza emocional que parece cobrar vida propia.

Luego, una cosa lleva a la otra y acabas buscando en Internet «trastorno de personalidad narcisista». Lees algunos artículos y te quedas boquiabierto. Cuando se te pasa el impacto inicial, sigues investigando. Exploras los foros y te das cuenta de que hay un sinfín de personas que comparten tu experiencia. Aprendes la jerga: *gaslighting*, idealizar, devaluar, descartar, *hoovering* y *baiting*. Unes las piezas y te das cuenta de que muchas de estas tácticas te han sido aplicadas en algún momento. Es como si estuvieras leyendo la historia de tu vida. Te preguntas: ¿Puede ser verdad? ¿Existen realmente personas así?

Profundizas más. Finalmente, te golpea con toda la fuerza. Te das cuenta de que no estás loco; lo que has estado experimentando todo este tiempo es definitivamente real. Esas personas existen. No solo existen en el mundo, sino que existen en *tu* mundo. No sabes si reír o llorar. Sientes rabia, tristeza y desesperación, y un poco de alivio. Caminas con una sensación de ligereza, pero también con la sensación de haber sido mancillado de alguna manera. Tu mundo está patas arriba.

Cuestionas tus instintos más básicos. Te das cuenta de que las dinámicas de la relación que considerabas normales eran, en realidad, tóxicas y extremadamente manipuladoras. Empiezas a ver a las personas de otra manera. Observas su comportamiento, incluso el de personas que conoces desde hace años o toda la vida. El panorama no está del todo claro. Sin embargo, lo que *sí* está claro es que tienes un problema con los *narcisistas*, y que apenas estás empezando a abrir los ojos.

Tras el espejo

Lo que quizá no hayas notado es que observar el comportamiento de los demás, aunque es importante, no es suficiente. Quedarte en la superficie solo servirá para que te veas envuelto en un drama tras otro y te mantendrá preguntándote qué es normal y qué es narcisista. Lo fundamental es darse cuenta de que las tácticas a las que te han sometido son solo la punta del iceberg; el problema es mucho más profundo. El *núcleo* del problema suele ser mucho más difícil de ver.

Además, si crees que basta con marcharte, piénsalo de nuevo: la salida no es un camino fácil que conduce a una nueva vida y a emocionantes aventuras. Quizás ya lo sospechabas. No es una coincidencia que te encuentres en esta situación. Sigues teniendo las mismas creencias, comportamientos y patrones. Puedes alejarte de tu pareja, distanciarte de ciertos miembros de tu familia, elegir un nuevo grupo de amigos o dejar tu trabajo, pero, con el tiempo, acabarás en los brazos de otro narcisista, o volverás con el mismo. Para lograr cambios duraderos, necesitarás una estrategia.

Afila tu espada

Como indica el título, este libro es una guía para matar a un narcisista. Obviamente, no cometeremos ningún delito. Se trata de comprender el núcleo del problema, no solo los síntomas. Se trata de ver el núcleo del problema en el narcisista, y también *en ti*. Se trata de tomar conciencia de lo que te convierte en blanco de los narcisistas. Se trata de cambiar tus paradigmas para que puedas empezar a separarte del problema.

También se trata de obtener nuevos recursos internos que los narcisistas no quieren que desarrolles, principalmente porque estos recursos te hacen menos susceptible a su control. Se trata de desarrollar un nuevo conjunto de creencias. Se trata de educarte a ti mismo y, como resultado, empoderarte. Se trata de desarrollar tu propia identidad autónoma, libre de vergüenza y culpa; una fortaleza a la que nadie podrá acceder sin tu permiso explícito ni sin mostrarte el debido respeto.

Así que, en cierto modo, sí, vamos a matar a algunos narcisistas. Más concretamente, vamos a matarlos de hambre quitándoles su suministro narcisista. Y todo empieza por ti.

Desenmascarar el régimen narcisista

A primera vista, la mayoría de los narcisistas parecen inofensivos. Sin embargo, el daño que causan se va infiltrando como un veneno de acción lenta. Mantener una relación con una persona así causa un daño incalculable, aunque nunca te robe dinero ni te levante la mano. Muchos narcisistas provocan una especie de muerte emocional lenta —sin intención criminal. Causan la mayor parte del daño a través del abuso emocional, manipulando y humillando a los demás para ejercer control.

Dado que no hay dos narcisistas iguales, este libro se centrará en el *arquetipo del narcisista*, para entender el patrón general. Este arquetipo se aplica al padre o a la madre que satisfacen sus propias necesidades objetivando a sus hijos y manteniéndolos sometidos y atrapados en una jaula psicológica. Se aplica al amigo que se rodea de personas más débiles solo para ridiculizarlas y sentirse superior. Se aplica al amante que cosifica a su pareja y la mantiene atrapada en una tormenta emocional agonizante. Se aplica al jefe que seduce, controla, intimida y humilla a sus empleados para reforzar su poder.

Este libro se centra en el narcisismo no solo como arquetipo, sino también como *régimen*: una estructura con reglas estrictas destinadas a cosificar y subyugar a los demás para obtener *suministro narcisista*: la atención, la admiración, los recursos y la energía emocional de los demás. Este libro intenta dejar atrás las etiquetas y teorías populares para mostrar con claridad el corazón y el alma del narcisismo —sin capas externas que enturbien la visión.

Para simplificar, en adelante utilizaremos el término *narcisista*. El *régimen narcisista* se refiere a la estructura entre dos o más personas en la que una persona controla a los demás y obtiene suministro narcisista, ya sea a través de una posición de poder, como la paternidad o un puesto directivo, *o* mediante la manipulación emocional en una relación. A menudo se trata de una combinación de ambos factores: la posición de poder facilita el control, y la manipulación lo refuerza a nivel íntimo.

Por otro lado, a la persona objetivo del narcisista no se le asignará una etiqueta especial, ya que eso la encasillaría y la definiría en comparación con el narcisista, manteniéndola así atrapada en el juego. El propósito de este libro es ayudar a las personas objetivo del narcisismo a liberarse, recordándoles que su identidad existe más allá del régimen narcisista, y animándolas a definir quiénes son según sus propias elecciones. Por comodidad, utilizaremos el término *persona objetivo* en combinación con *tú*, dirigiéndonos al lector como alguien que puede identificarse con el contenido. De este modo, disponemos de una etiqueta útil que no se basa en la subyugación ni en un rol. Cualquiera puede ser el objetivo de alguien, pero eso no define quién es.

Finalmente, por claridad y fluidez gramatical, utilizaremos el término «el narcisista» con pronombres masculinos («él», «lo», «su»). Es crucial recordar que el narcisismo patológico no tiene género; el narcisista y su persona objetivo pueden ser de cualquier género. Los patrones de comportamiento descritos son universales.

Teniendo esto en cuenta, exploremos los efectos nocivos de vivir bajo un régimen narcisista.

La vida bajo un régimen narcisista

Paul tiene una pesadilla recurrente: está atrapado en una cueva subterránea envuelta en llamas ardientes. Le invade una intensa sensación de claustrofobia, y se despierta aterrorizado, jadeando en busca de aire. Pronto se da cuenta: está teniendo un ataque de pánico. Siente que está en una especie de purgatorio, un miedo insoportable y eterno del que intenta escapar sin éxito. Enciende la luz a toda prisa y empieza a caminar de un lado a otro del apartamento, intentando calmarse. Baja corriendo las escaleras y sale al aire frío de la mañana. Eso le ayuda un poco. Tarda más de una hora en que el pánico se disipe por completo. No tiene ni idea de por qué sigue teniendo sueños así.

Cindy es una chica inteligente y agradable. Su sonrisa forzada deja entrever la tristeza que hay en su interior. Aun así, siempre es educada, parece feliz y nadie se atreve a indagar demasiado. Casi siempre obedece, evita los conflictos, está de acuerdo con todo y se suma a los planes de los demás. Simplemente está ahí, sin molestar, y la gente confía en ella porque no es una persona problemática.

Igor tiene treinta y cuatro años, pero aparenta veinticinco. Es un soñador: le gustaría formar parte de un grupo musical o escribir la próxima gran novela, aunque nunca ha sabido cuál de las dos cosas prefería. No se siente lo suficientemente capaz ni inteligente para hacer realidad sus sueños. Mientras tanto, se gana la vida en un centro de atención telefónica; un trabajo que odia. Además, lleva siete años en una relación intermitente con su novia, Anna. Cada vez que discuten, Igor amenaza con marcharse, pero ella reacciona llorando y amenazando con suicidarse. El sentimiento de culpa es más fuerte que él y siempre acaba quedándose. Quiere salir de esta relación, pero no sabe cómo.

Después de un intenso romance de verano, Noah le pidió a Ariana que se casara con él, y ella aceptó. Noah parecía el hombre perfecto: atento, entregado, compartía sus ilusiones y prometía un futuro sólido. Se casaron en una ceremonia sencilla. Pero poco después de la boda, todo empezó a cambiar. Noah se volvió crítico y se enfurecía si Ariana llegaba tarde a casa. Ariana ya había visto indicios de esa ira antes de casarse, pero los había pasado por alto, sobre todo porque él se disculpaba enseguida con un aire de arrepentimiento casi infantil. Noah estaba convencido de que todo lo que hacía era superior a lo de los demás. Le encantaba ser el centro de atención y contaba historias interminables a quien quisiera escucharlo, sin mostrar verdadero interés por la otra persona. Su encanto superficial hacía que la mayoría lo tolerara. Ariana, sin embargo, se sentía cada vez más vacía. Estaba agotada de su ira impredecible, de ese malestar constante sin motivo claro. Tras catorce años, tres hijos y haber perdi-

do el contacto con casi todos sus amigos, le aterraba la idea de marcharse y empezar de nuevo.

¿Por qué yo? Cómo convertirse en persona objetivo

Aprovechan mientras son pequeños

De niños somos curiosos, sensibles, vulnerables y, por supuesto, muy influenciables. Absorbemos lo que nos rodea como esponjas. En esos primeros años se forja la base de nuestra forma de relacionarnos con los demás, y nos aferramos con fuerza a las personas que deberían cuidarnos. Esa dependencia total les otorga un poder inmenso: el poder de guiarnos hacia una vida libre e independiente o de explotarnos para alimentar su propio ego. Los narcisistas eligen lo segundo.

Esta posición de poder empieza, evidentemente, con los padres, pero también se puede aplicar a tíos, amigos de la familia, profesores, entrenadores o cualquier adulto con autoridad. Para el narcisista, tener jóvenes impresionables que lo admiran aumenta su sensación de poder. Puede desempeñar su descarado papel de «líder sabio» a expensas del niño. Considera que su posición le otorga la licencia para juzgar, controlar y menospreciar al niño si no cumple con sus expectativas.

En su mente grandiosa, la responsabilidad que se le ha confiado se convierte en una excusa para asegurarse su suministro narcisista.

Lo más triste es que todo esto ocurre fuera del alcance de la conciencia del niño. La verdadera conciencia llega en la edad adulta. Mientras es vulnerable y dependiente, el niño puede convertirse sin saberlo en un objeto de suministro narcisista, sin comprender realmente lo que está sucediendo. Si esta dinámica se mantiene en el tiempo, acaba pareciendo tan natural como respirar. El niño es manipulado y condicionado para una vida de dependencia perpetua.

El liderazgo consiste en mostrar a los demás el camino para que puedan recorrerlo, superarlo y, finalmente, forjar el suyo propio. Los narcisistas en puestos de liderazgo impiden que el niño se diferencie, apoyándolo solo dentro de los límites de la relación y solo mientras este coopera en su papel, proporcionándoles así suministro narcisista. El narcisista proyecta sus necesidades egocéntricas en el niño y, en lugar de dejar de lado sus propias necesidades para ayudarle a crecer, espera que sea el niño quien se adapte a *él*.

Esta inversión de roles es el corazón mismo de la relación entre un narcisista y un niño, lo que conduce a un retraso en el desarrollo del niño y lo predispone a ser más susceptible al narcisismo. El niño crece creyendo que las relaciones se basan en adaptarse a las necesidades de los demás, en lugar de ser uno mismo. Y así se instala una de las mayores mentiras que se les cuenta a algunos niños: que la dependencia es lo normal, y que nunca se acaba. Una mentira que, si nadie la cuestiona, puede acompañarlos toda la vida.

La persona objetivo ideal

Algunas personas podrían haber caído sin saberlo en un régimen narcisista desde una edad temprana, o podrían ser personas emocionalmente sensibles. Los *empáticos*, como se les denomina:

- son intuitivos y poseen una gran inteligencia emocional.
- sienten con una intensidad enorme, tanto que a veces esa sensibilidad puede nublar su pensamiento racional.
- perciben con facilidad lo que sienten los demás y pueden llegar a absorber esas emociones como si fueran propias, lo que les agota rápidamente si no aprenden a protegerse.
- suelen ser buenos oyentes.
- tienen una profunda necesidad de conexión emocional, a menudo más fuerte que la razón o el sentido común.
- les cuesta seguir el ritmo del mundo cotidiano y tienden a buscar un apoyo o una guía externa que les ayude a sentirse seguros.
- son más influenciables que la mayoría.

El mundo emocional de los empáticos es muy rico. Son artistas, soñadores y sanadores. Irradian calidez, inspiran a los demás y pueden alegrar el día a quienes los rodean con solo su presencia. Pero esa riqueza tiene un precio:

- Los empáticos necesitan amar y sentirse amados más que la mayoría, y sufren profundamente cuando se sienten solos o desconectados. Esa necesidad tan intensa de unión emocional suele hacer que sus límites sean frágiles.
- Sus «botones» emocionales son fáciles de pulsar. Una mirada, un tono de voz o una emoción intensa (ya sea rabia, tristeza o angustia) pueden atravesarlos por completo. Y, cuando eso ocurre, su cuerpo reacciona: el nivel de estrés se dispara, la ansiedad aumenta y su energía se desploma.
- Los empáticos suelen sentirse fatigados con solo estar rodeados de gente. Se ponen enfermos con mayor facilidad. A menudo están nerviosos y asustados, y sufren ansiedad social. No se trata de una cuestión de fuerza, simplemente se sienten abrumados y paralizados por las emociones.
- Los empáticos necesitan una estructura en todo momento. Necesitan entornos que los protejan y los apoyen para no desbordarse emocionalmente.

Por todas estas razones, los empáticos son personas objetivo perfectas para los narcisistas. Su belleza interior, sus límites débiles, su resiliencia mermada y su fuerte necesidad de conexión los convierten en una mina de oro para el suministro narcisista. Para dominar al empático, el narcisista solo tiene que bombardear su sistema emocional y luego presionarlo para que coopere con sus demandas.

Se requiere un alto grado de habilidad y apoyo para gestionar adecuadamente el mundo interior, a menudo tumultuoso, del empático. En muchas familias, especialmente en las conservadoras, tradicionales o abusivas, se puede descuidar la necesidad del empático de ser profundamente comprendido y apoyado. Peor aún, los empáticos pueden ser objeto de vergüenza por parte de sus allegados por su «suavidad», sobre todo si son hombres.

Sus necesidades insatisfechas y la incapacidad para afrontar su tormenta emocional pueden hacer que el empático tenga una baja autoestima y un deseo abrumador de amor, sin ser consciente del porqué. El narcisista lo percibirá como un tiburón percibe la sangre y se abalanzará sobre él. El encanto del narcisista resulta embriagador e irresistible para el empático. El narcisista puede ofrecer al empático una estructura, aunque esta sea opresiva y beneficie principalmente al narcisista.

Identificarte como empático y/o haber nacido en un régimen narcisista puede ayudarte a comprender cómo tus orígenes han influido en tu vida hasta ahora, y también recordarte que no es culpa tuya. Lo más importante es que puede ayudarte a marcar límites y a tomar las riendas de tu futuro. A partir de aquí, el camino que sigas depende totalmente de ti.

Dioses mortales

La gloria, cuando se construye sobre principios egoístas, es vergüenza y culpa.

— **William Cowper**

La emoción parental

La humanidad está en un proceso constante de crecimiento y superación. Nos estamos volviendo cada vez más innovadores y conscientes de nosotros mismos. Los récords mundiales olímpicos se superan una y otra vez. La tecnología y la asistencia sanitaria han mejorado nuestra calidad de vida de forma inconmensurable. La música y el arte están evolucionando de formas emocionantes y hermosas. Descubrimos cada vez más cosas sobre la mente, el universo y nosotros mismos. Cada día surgen nuevos métodos terapéuticos que nos ayudan a sanar mejor.

En nuestro interior existe un poder que anhela expandirse y mejorar. Esta fuerza evoca en nosotros imágenes de ser más grandes y mejores de lo que somos actualmente. No está ahí por casualidad: la vida tiene un plan. Quiere evolucionar. Por esta razón, nacemos con una *grandeza* inherente. La grandeza es un sentimiento interior de excepcionalidad que nos impulsa a crear y a trascender. La grandeza es profundamente personal y espiritual. Nos dice que somos capaces de *cualquier cosa*. Es una fuerza ascendente e infinita. Es nuestra creatividad innata y nuestra conexión con el reino divino.

Relacionado con esto está la *grandiosidad*, que es la grandeza de una persona en comparación con la de otra. Se basa en el ego. Nos empuja a querer ser más grandes y mejores que los demás. Nos enfrenta unos contra otros. Quien haya recibido un primer premio o haya conseguido algo gratis mientras los demás pagaban sabe lo satisfactoria que resulta la grandiosidad. Supone elevarse por encima de la multitud y más allá del estándar habitual. Se trata de *lograr más* y *ser más* que los demás.

La vida también quiere que coexistamos. Si no se controla, la grandiosidad puede ser algo feo. Si todos siguiéramos ciegamente nuestros instintos grandiosos, podríamos destruirnos a nosotros mismos y a los demás en nuestro intento por llegar a la cima. Figuras históricas como Adolf Hitler y Pablo Escobar ejemplifican una grandiosidad descontrolada. El primero deseaba dominar el mundo y el segundo buscaba poder y dinero ilimitados. Como resultado, el asesinato en masa se convirtió para ellos en un «daño colateral». La vida no puede tolerar una falta de humanidad tan flagrante; necesita equilibrio. Por suerte, para la mayoría, existe una fuerza opuesta que mantiene a raya nuestra grandiosidad: *la vergüenza*.

La vergüenza es una emoción profundamente desagradable. En su forma más leve, se manifiesta como un ligero dolor en el pecho y una pérdida de vigor y energía. En su forma más intensa, te deja físicamente sin fuerzas: la cabeza se te hunde en los hombros, los hombros se te encorvan y el cuerpo se te desploma. Te paraliza emocionalmente: el cerebro se nubla y se ralentiza, te cuestionas a ti mismo, te desanimas, reprimes tus sentimientos y opiniones. Reduce tu capacidad mental: te quedas en blanco y no se te ocurre ninguna idea. Te exilia temporalmente del mundo: te sientes sobreexpuesto y tienes una necesidad desesperada de esconderte de los demás. Crea un espacio oscuro, introspectivo y confinado en tu psique en el que nada más puede entrar. Te enfrenta cara a cara contigo mismo, donde puedes ver de cerca todos tus defectos y manchas. Te hace dolorosamente consciente de que eres limitado y no tan divino como a veces te sientes. Es el padre o la madre que te dice «no» y «vete a tu habitación».

El poder normalizador de la vergüenza

Este «tiempo muerto» psicológico existe por tres razones principales:

1. Para recordarte que, aunque eres capaz de grandiosidad, eres un ser humano con un cuerpo humano, que vive en un mundo humano. Tu influencia y tu capacidad tienen un límite, y tu entorno solo puede acomodarte hasta cierto punto.
2. Para darte tiempo y espacio para la autorreflexión y, si es necesario, para hacer ajustes.

3. Para equilibrar la jerarquía social. Cuando una persona de un grupo muestra más poder y grandiosidad que las demás, la vergüenza reduce la grandiosidad del resto para garantizar el equilibrio. Por otra parte, si una persona demuestra su poder y grandiosidad y es rebajada por otro miembro que se siente amenazado, surgirá la vergüenza para compensar. Este acto de equilibrio está diseñado para fomentar la conformidad y la unidad y garantizar que el barco no se balancee demasiado.

La vergüenza funciona eficazmente en dos frentes:

- **Personal:** la vergüenza personal surge cuando te imaginas una realidad concreta para ti mismo, pero no la alcanzas. Por ejemplo, no poder permitirte las vacaciones de tus sueños o desear ser más alto (o más bajo).
- **Social:** la vergüenza social surge en relación con las personas que te rodean. Por ejemplo, hablar demasiado alto y recibir una mirada de desaprobación por parte de un ser querido, o que otra persona tenga más dinero que tú.

Si te marcas metas altas y no las alcanzas, la vergüenza te recordará que aún no has llegado a tu objetivo y que necesitas mejorar. Si tu entorno no tolera tus necesidades, deseos y expresiones del yo, la vergüenza te advertirá de que lo que estás haciendo y quién eres en ese momento supone una amenaza para las personas que valoras.

Adáptate y compórtate bien: estar a la altura y hacerlo bien

Está claro que la vergüenza no se limita a frenar el exceso de presunción. Se trata de estar a la altura de los estándares establecidos por las personas de tu entorno y la sociedad en su conjunto. Imagina a un niño sentado con su familia, que está comiendo chocolate, pero al que le dicen que no puede comer hasta que sea mayor. Todos disfrutan de su delicioso chocolate, saboreando cada bocado y compartiendo opiniones sobre lo que más les gusta.

Ahora imagina al niño allí sentado, observando todo esto y deseando unirse desesperadamente, pero con su padre o su madre diciéndole con severidad que eso no va a suceder. El niño no solo se sentirá reprimido, sino también inferior. La vergüenza se apoderará de él. Experimentará la cruda realidad de desear algo y no poder conseguirlo. Sentirá la agonía de no estar a la altura de las personas a las que aprecia. Es una experiencia muy dolorosa.

Figura 1: *La vergüenza se produce cuando tus límites son menores que los de otra persona.*

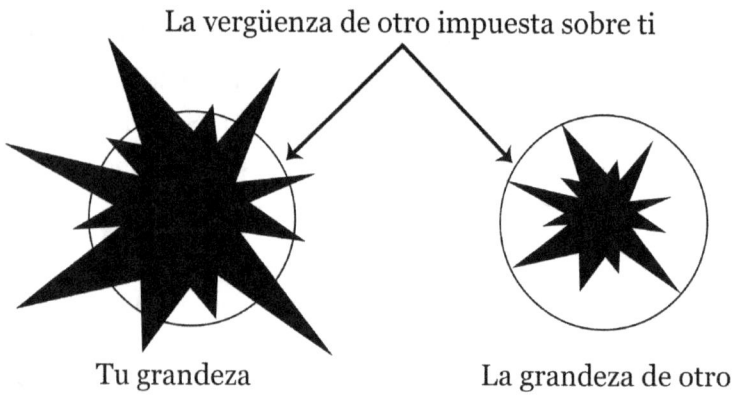

Figura 2: *También sentirás vergüenza cuando la expresión de tu grandeza no sea aceptada por otra persona.*

Todo el mundo puede recordar momentos en los que vio que otros estaban mejor que él y, como resultado, comenzó a sentirse inferior. Se estableció un estándar que él valoraba y que quería alcanzar.

Por ejemplo, es posible que quieras perder peso. Un día, tu amigo te cuenta muy contento que ha perdido seis kilos en el último mes. En ese momento, empiezas a analizar tu situación con respecto a la pérdida de peso. Tu realidad se reduce y empiezas a pensar en lo que puedes hacer para conseguir lo mismo. Dices algo como: «Sí, pronto me apuntaré al gimnasio. Mi objetivo es perder diez kilos antes de que acabe el año». Tu vergüenza ha entrado en acción.

Al reflexionar, resulta evidente que la vergüenza tiene una función social cohesionadora. Dependiendo de la situación, la vergüenza te hundirá o te impulsará a crecer y mejorar. No quiere que todo el mundo crea que es de la realeza ni que la gente se quede atrás. Quiere que el rebaño alcance el equilibrio y la armonía, que se comporte según las normas y que esté a la altura de los estándares establecidos por el resto. Quiere que hagamos lo que hace la mayoría; que actuemos, sintamos y nos comportemos como los demás seres humanos.

La vergüenza se activa de innumerables maneras, como se muestra en los siguientes ejemplos:

Escenario	Reacción de vergüenza
Tus compañeros están socializando juntos y tú estás sentado solo.	«Me siento como un bicho raro sentado solo».

Te ríes sin control, hasta que tu madre o tu padre te mira fijamente y te dice que pares.	Tu entusiasmo disminuye. «Debo comportarme de forma civilizada y respetar que los demás se sientan amenazados o molestos por el alboroto.»
Un grupo de personas están sentadas juntas riendo, y tú y tus amigos estáis sentados allí en silencio.	«Ellos se están divirtiendo, ¿por qué nosotros no?».
Ves un póster de una/un supermodelo y empiezas a compararte con ella/él.	«Yo solo soy una persona normal, mira lo increíble que es ella/él».
Un amigo o amiga te cuenta lo bien que lo ha pasado este fin de semana, de fiesta y bebiendo, y luego te pregunta qué has hecho tú, a lo que respondes: «Solo he comido con la familia y he visto la televisión».	Te cuestionas tu vida social. «Mira lo bien que se lo pasan los demás. Mi vida es aburrida».
Le cuentas a tu madre con gran emoción tu nuevo ascenso en el trabajo, pero ella no muestra mucho entusiasmo.	Tu entusiasmo y emoción disminuyen notablemente y empiezas a cuestionarte si tu ascenso es realmente tan bueno.

Acertada o no, la vergüenza nos empuja a adaptarnos. Nos dice que no estamos a la altura y que debemos mejorar o cambiar para encajar. Nos dice que hemos ido demasiado lejos y que debemos moderarnos. Nos dice que el poder es limitado y que, si presionamos más, pondremos en peligro el equilibrio. Nos dice que debemos dejar espacio a los demás. Nos enseña que no somos dioses y que vivimos en sociedad. No solo pretende mantener a raya nuestra grandiosidad, sino también mantenernos unidos. Si nuestras necesidades, deseos y expresiones amenazan o nos alejan demasiado del grupo, entonces pondremos en peligro nuestro lugar en él. Estamos programados para creer que solo podemos estar en armonía cuando todos estamos en igualdad de condiciones.

El continuo vergüenza/grandiosidad

La vergüenza y la grandiosidad tienen en común que requieren de alguien o algo con lo que compararse. El simple hecho de estar solo probablemente no te provocará vergüenza hasta que te compares con un grupo de personas que se divierten juntas. Estar en un escenario no tiene ningún impacto a menos que haya una multitud que te aclame y te adore. Este vínculo entre la vergüenza y la grandiosidad se puede representar mejor en un continuo, como se muestra a continuación:

El continuo vergüenza/grandiosidad

Vergüenza malsana	Vergüenza saludable	Grandiosidad
«Soy menos que humano.»	«Soy un ser humano.»	«Soy un dios.»
«Soy inferior e incapaz.»	«Soy capaz, con límites.»	«Tengo un poder infinito.»
«No soy especial.»	«Soy tan valioso como cualquier otra persona.»	«Soy mejor que todos.»
«Existo para servir a los demás.»	«Las personas deben apoyarse mutuamente.»	«Las personas deben servirme.»

Figura 3: El continuo vergüenza/grandiosidad. Demasiada vergüenza limita gravemente la fuerza vital de una persona y le hace sentirse menos que humana, mientras que demasiada grandiosidad hace que una persona se sienta más

que humana y limita gravemente la fuerza vital de otras personas.

Cuando todas las personas de un grupo son consideradas iguales, se sitúan en el centro del continuo y se sienten perfectamente humanas. Teniendo en cuenta que toda jerarquía social requiere equilibrio, cuanto más grandiosa es una persona, más vergüenza deben experimentar los demás para compensarlo. Cuando la grandiosidad se descontrola, empuja a los demás demasiado hacia la izquierda del continuo. Cuanto más se empuja a una persona hacia la izquierda, más se siente inferior e indigna. Desplazarse demasiado hacia la derecha hace que una persona pierda el contacto con su humanidad y se interese más por su propio bienestar que por el de los demás. Se siente más que humana. El centro del continuo representa una vergüenza saludable, en la que la persona mantiene una conexión con su grandeza y con su humanidad.

En cualquier relación, cuanto más se desplaza una persona hacia la derecha del continuo, más se empuja a la otra persona hacia la izquierda. Al dar la impresión de tener más o ser más, se coacciona a la otra persona para que experimente su vergüenza. En cambio, cuando dos personas están en igualdad de condiciones, ambas se sitúan en el centro del continuo y surge una vergüenza saludable.

La ley de la grandiosidad

La grandeza es una fuerza poderosa y creativa. Este impulso abrumador que todos tenemos de «ser más», aunque embriagador, puede acarrear problemas cuando se convierte en grandiosidad. Como se muestra en el continuo vergüenza/grandiosidad, en cualquier estándar que valoremos, ya sea el atractivo o el estatus social, siempre habrá alguien que nos haga sentir inferiores. Las personas de alto estatus pueden establecer un listón y provocar nuestra propia respuesta de vergüenza. Llamemos a este fenómeno la *ley de la grandiosidad*.

La ley de la grandiosidad es la reacción basada en la vergüenza de una persona que se encuentra con alguien a quien percibe como de mayor estatus.

Esta ley dicta que podemos reaccionar de cinco maneras diferentes:

- **Aceptar nuestro bajo estatus:** tendremos que lidiar con nuestro sentimiento de vergüenza y nos encogeremos para lograr el equilibrio en el continuo. Esto incluye no crear problemas ni intentar mejorar.
- **Intentar alcanzar el nivel superior:** en este caso, la vergüenza actúa como agente de crecimiento y mejora. Por ejemplo, piensa en las personas que van al gimnasio o al salón de belleza, impulsadas por la descarada industria de la belleza y la salud, que establece un punto de referencia para la apariencia física perfecta.
- **Identificarnos:** algunas personas optan por identificarse con un famoso o una figura deportiva. Al seguir cada uno de sus movimientos y «fusionarse» psicológicamente con la celebridad, una persona se *convierte* efectivamente en la figura de alto estatus. De este modo, puede eludir por completo la vergüenza de ser «corriente». En su mente, está a la altura de la estrella. Está en el mismo equipo que la figu-

ra de alto estatus y, al hacerlo, puede experimentar su grandiosidad en lugar de quedarse estancada en la vergüenza.
- **Desidentificarnos:** considerar que un estándar no es importante anulará la respuesta de vergüenza. Muchas personas no envidian a las celebridades y canalizan su grandeza hacia su propio arte, por ejemplo. El hecho de que alguien pierda peso no significa nada para ti si no te preocupa tu propio peso.
- **Atacar:** convertir la vergüenza en ira es un intento de recuperar el poder. Piensa en los comentarios sarcásticos y despectivos que se hacen en la sección de comentarios de las redes sociales. Se trata de un intento de derribar a la «estrella» para contrarrestar el sentimiento de vergüenza, es decir, la sensación de estar por debajo del estándar.

La vergüenza es la razón por la que las celebridades y otras figuras sociales de alto estatus nos afectan tanto. Las celebridades nos superan literalmente en altura en las vallas publicitarias y en las pantallas de cine. Para muchas personas, es difícil ignorarlas, ya que se habla de ellas en todos los medios de comunicación. Se comercializan de tal manera que crean la ilusión de tener más, saber más y ser más. En nuestra jerarquía social, se supone que están en la cima.

Sin embargo, la ley de la grandiosidad y el continuo vergüenza/grandiosidad no se limitan a las celebridades. Este principio también puede aplicarse a nuestros amigos y familiares que percibimos como de mayor estatus, es decir, a quienes creemos que tienen más recursos, capacidad, sabiduría o fuerza. Puede aplicarse a cualquier relación, ya sea romántica o de otro tipo, e indudablemente se aplica a la relación entre padres e hijos.

La emoción incomprendida

Por horrible que pueda parecer, la vergüenza no está ahí para hacernos daño. Nos ofrece un ciclo de retroalimentación que nos recuerda no solo cuándo nos excedemos, sino también cuándo no estamos a la altura. Tiene un propósito noble. Conocer nuestros límites nos permite movernos dentro de unos parámetros más manejables.

Por ejemplo, antes de poder tocar un instrumento musical, primero hay que aprender los acordes y la teoría, y luego hay que dedicar cientos de horas a la práctica, cometiendo muchos errores y aprendiendo de ellos. Hay que enfrentarse a los límites una y otra vez hasta alcanzar la meta. Cuando otra persona te supera en algo, la vergüenza te inspira a crecer y a alcanzar el nuevo nivel. Evita que uno se vuelva complaciente. En este contexto, la vergüenza es una herramienta útil.

La única forma en que la vergüenza es perjudicial es cuando es crónica y *irredimible*. No estar a la altura, pero tener la oportunidad de mejorar o cambiar, es una afirmación de la vida; en cambio, sentirse atrapado en un bucle sin fin por no ser lo suficientemente bueno es devastador. Hay una gran desesperación en sentir que *nunca* estarás a la altura. La esperanza de estar a la altura es lo que nos impulsa a crecer en la vida. Esa es la intención de la vida: como dos equipos de rugby, nuestra grandeza debe empujar contra nuestra vergüenza y mantener la presión, ganando cada vez más terreno, hasta alcanzar la meta —o aprender a aceptar nuestras limitaciones y hacer las paces con ellas.

Además, encajar y estar en armonía con las personas de tu círculo social es muy gratificante. Es la esencia misma del ser humano. Al aceptar nuestra vergüenza, podemos vivir en un estado de igualdad y humanidad. Somos psicológicamente divinos y físicamente mortales. Somos *dioses mortales*. Todos estamos en el mismo barco. Y solo podemos ser conscientes de ello a través de nuestra vergüenza.

Cuando la vergüenza se vuelve tóxica

La vergüenza tiene un lado oscuro. No siempre surge por una buena razón. Puede ser impuesta por personas que no son capaces de sentirla. También puede ser fabricada por aquellas personas que buscan mejorar su propio sentido de grandiosidad. Realmente no importa cuál sea el estándar, siempre que creas en él, te afectará.

Lo mismo ocurre a la inversa. Si menosprecias las debilidades de tus amigos, es posible que sientas una sensación de grandiosidad. Esto puede tener un efecto devastador. Si alguien crea una situación en la que te hace sentir inferior, activará tu vergüenza. Sin darte cuenta, te sumergirás en tu oscuro y aislado purgatorio psicológico, creyendo que necesitas mejorar. Te hundirás por debajo del nivel de la humanidad y empezarás a sentirte menos que humano —te sentirás inferior.

Si una persona te avergüenza lo suficiente y lo refuerza continuamente en la relación, acabarás quedándote ahí. Se convertirá en parte de tu identidad fundamental. El resultado es una *vergüenza tóxica*. Te encogerás para adaptarte. Bajarás la mirada, hablarás más bajo, te expresarás menos y dudarás más de ti mismo. Te volverás más cooperativo y complaciente. Vuestros respectivos lugares en los extremos opuestos del continuo se consolidarán y se alcanzará un equilibrio de poder injusto.

Eso es precisamente lo que espera el narcisista.

El núcleo del narcisista

Hacernos sentir pequeños de la manera correcta es una función del arte; los hombres solo pueden hacernos sentir pequeños de la manera incorrecta.

— E. M. Forster

La mayoría de los seres humanos se dejan influir voluntariamente por sus emociones. Algunos más que otros. La empatía nos permite sentir la dificultad de la otra persona y querer ayudarla. La vergüenza regula nuestra grandiosidad y nos recuerda que no somos dioses a los que todos deben adorar, sino seres humanos con defectos que necesitan llevarse bien con los demás y que necesitan mejorar y adaptarse constantemente. La culpa nos obliga a reflexionar sobre nuestras malas acciones y a enmendarlas. Estos sentimientos pueden resultar dolorosos, pero también son necesarios. Nos ayudan a mantener relaciones saludables, a convivir y a crear un mundo mejor.

A los narcisistas todo eso les trae sin cuidado. No les importan en absoluto tus sentimientos. Para ellos, los sentimientos no tienen que ver con crear una sociedad armoniosa ni con fomentar relaciones satisfactorias —sino que son una forma de controlarte. El gaslighting, la triangulación y el hoovering son técnicas sutiles, y a menudo no tan sutiles, que los narcisistas utilizan para controlar a sus personas objetivo a través de las emociones. Decir ciertas cosas de cierta manera puede desencadenar las emociones de su persona objetivo y hacer que reaccione. Los narcisistas son muy conscientes de ello. Sin embargo, las tácticas, por muy importantes que sean, se centran en lo que el narcisista *hace*. Lo primero que debemos entender es lo que el narcisista *es*:

Los narcisistas son desvergonzados.

Esta es la característica definitoria del narcisismo. Un narcisista no está en contacto con su empatía ni con su vergüenza. Algunas personas afirman que los narcisistas no sienten vergüenza en absoluto, mientras que otras creen que renunciaron a ella desde una edad temprana a cambio de un yo grandioso y falso. En cualquier caso, los narcisistas carecen de vergüenza. Al no sentir vergüenza, su sentido de la grandiosidad se desata sin control. Sin embargo, para mantener su grandiosidad, necesitan alimentarse de otras personas. Por tanto, el narcisista vive su grandiosidad subyugando y cosificando a los demás. En el continuo vergüenza/grandiosidad, el narcisista empuja a los demás hacia la izquierda (vergüenza) mientras se mantiene a sí mismo en la derecha (grandiosidad).

La desvergüenza es el signo más sutil de un narcisista y el más difícil de detectar. Es también lo que lo hace más peligroso para nuestro bienestar. Al no sentir vergüenza, el narcisista no tiene que reflexionar sobre sí mismo. Al ser desvergonzado, no tiene que admitir sus limitaciones y su humanidad. Crea un escudo psicológico impenetrable. No tiene que reconocer que se equivoca, no tiene que admitir que no es lo suficientemente bueno, no tiene que disculparse y, desde luego, no tiene que ceder el paso a los demás.

Estar en presencia de alguien que carece de vergüenza te hace sentir vergüenza automáticamente. Al rodearse de un aura de superioridad, el narcisista hace que quienes están en su presencia se sientan inferiores. En cambio, cuando estás en presencia de una persona que muestra una vergüenza sana, sientes calidez y una sensación de camaradería e igualdad. Cuando estás en presencia de un narcisista, la mayoría de las veces te hace sentir horrible. Ser criado por un narcisista o estar en una relación con uno es como estar bajo el sol ardiente todo el día. Te hace sentir toda la vergüenza con solo estar cerca de él.

Es fácil pasar esto por alto si pasas un período prolongado de tiempo en presencia de narcisistas. No es necesario que hagan nada de forma claramente abusiva. No se trata solo de detectar su comportamiento manipulador, sino de ser consciente de cómo te hacen sentir. Hay algo desagradable que ocurre justo por debajo de tu conciencia. Es como estar en un purgatorio emocional. Estás constantemente esperando a que te acepten para poder experimentar la alegría de tener una relación satisfactoria, pero el narcisista te mantiene a distancia. Esa es la esencia de una relación con un narcisista: todo comienza con esto. Son escurridizos como anguilas: nada se les pega. Todos los defectos y carencias, es decir, todo lo humano, se reflejan en ti. Tú siempre eres el vulnerable. Al ser desvergonzado, el narcisista obliga a la otra persona a cargar con la vergüenza —a sentirse inferior.

Como se ha mencionado anteriormente, si una persona siente vergüenza de forma continuada durante un tiempo suficiente, acabará interiorizándola. Se entrelazará con su personalidad y existirá como una sombra constante sobre toda su experiencia. Del mismo modo, sentir ira durante mucho tiempo convierte a una persona en una persona enfadada. Estar deprimido durante mucho tiempo hace que una persona se vuelva depresiva. Estar expuesto a la vergüenza de forma continuada hace que una persona acabe creyendo que es defectuosa hasta la médula. Esta vergüenza tóxica es lo que hace que la desvergüenza en una relación sea lo más peligroso, incluso antes de que se produzca cualquier tipo de abuso evidente.

La desvergüenza genera vergüenza en los demás y se manifiesta de muchas formas sutiles. Un narcisista puede:

- **Esforzarse siempre por tener el control:** esto puede ser tan simple como arrebatarte impacientemente la escoba cuando estás barriendo y terminar él mismo la tarea. Negarse a ceder el control o a permitir que una persona aprenda a su propio ritmo le hace sentir incapaz de «hacer el trabajo».
- **Utilizar miradas condescendientes o poner los ojos en blanco:** una mirada condescendiente puede transmitir un mensaje como «Te estoy haciendo un favor solo por tolerarte y permitirte estar a mi lado».
- **Reírse y burlarse de tus debilidades:** esa risa de superioridad cuando cometes un error transmite lo ridículo

que eres en comparación con una persona que no cometería el mismo error. A menudo, el error ni siquiera es un error, sino una burla por haber hecho algo de manera diferente a como lo habría hecho el narcisista. Tampoco es raro que se ría de ti, incluso si has hecho algo correctamente, solo para que te cuestiones a ti mismo y pienses que el narcisista sabe algo que tú no sabes.

- **Hablar de ti en tercera persona cuando estás presente:** cuando se habla de ti con otra persona en tu presencia, especialmente de forma desfavorable, puede hacerte sentir avergonzado e impotente. Por ejemplo: «Lisa ha sido muy vaga en casa. No ha hecho nada de las tareas del hogar, solo ve Netflix todo el día». Al hablar de ti en tu presencia, te ponen en el punto de mira sin incluirte realmente en la conversación. Se crea la ilusión de que dos personas con «mayor conocimiento» están hablando de ti: el objeto de «preocupación». Además de ser subjetiva (quizá Lisa no se encontraba bien y vio Netflix durante unas horas simplemente para relajarse), esa afirmación te obliga a defenderte o a sentir vergüenza.

- **Inflarse a sí mismo a través de una historia:** compartir historias que pintan al narcisista como alguien muy superior hace que los oyentes se sientan pequeños en comparación. Muchos narcisistas son grandes narradores y, en sus historias, suelen salir como personas fuertes y superiores. Otra forma de mejorar su imagen en una historia no solo consiste en ensalzarse a sí mismos, sino también en menospreciar a la persona que describen en ella.

- **Inflarse a sí mismo a través de la afirmación y la desviación:** un narcisista evitará admitir debilidad o limitaciones. Suele comenzar sus frases con «Yo nunca...» o

«Yo siempre...». Por ejemplo, «Nunca rompen conmigo, siempre soy yo quien rompe» o «Siempre paso la cola en diez minutos». La segunda afirmación suele ser una respuesta a que tú hayas dicho que tuviste que esperar una hora. De este modo, el narcisista se separa de la imagen del «tonto sin suerte» y se presenta como alguien especial.

- **Hacer preguntas críticas y retóricas:** por ejemplo, «¿Por qué has colocado los platos así?» o «¿Por qué llevas esos pantalones?». Estas preguntas no tienen respuesta real ni otro propósito que el de poner de manifiesto tu supuesta incompetencia.
- **Negarse a empatizar y apoyar:** cuando compartes algo genuino, el narcisista lo rechazará lo antes posible o simplemente lo ignorará. Es posible que asienta con la cabeza, cambie de tema o analice y resuelva el problema del que estás hablando. Lo hace para que no puedas influir en sus emociones. Este rechazo a tu expresión genuina te hace sentir vergüenza y poco querido. No se hace nada de forma evidente, pero te sientes incómodo cuando te das cuenta de que la persona a la que le estás contando tu experiencia no se preocupa lo suficiente como para empatizar.
- **No permitirte establecer límites:** un narcisista puede arrogarse el derecho de decidir lo que es mejor para ti —sin consultarte antes. Te pedirá una bebida sin preguntarte, tomará decisiones que te afectan, abrirá tu correo, etc. Esto te infantiliza y te hace sentir que el narcisista, y solo él, sabe lo que es mejor para ti.
- **Negarse a seguir tus planes o permitir que tú influyas en él:** la relación suele ser desigual. El narcisista toma las decisiones y decide adónde ir, qué hacer y durante cuánto tiempo. Se aprovecha de tu baja autoestima para

imponer su voluntad. Además, al no tener en cuenta tus preferencias, el narcisista puede erosionar aún más tu autoestima.

- **Hacer observaciones desagradables, supuestamente neutrales:** por ejemplo, «Te están creciendo pelos en las orejas» o «Sabes, siempre eres el primero en terminar de comer» o «Necesitas comprarte zapatos nuevos». Esto está diseñado para hacerte sentir cohibido sin que parezca un ataque real.

- **Fingir o exagerar la preocupación:** al exagerar su preocupación, el narcisista puede hacerte sentir como alguien que necesita ayuda, aunque al principio no te sintieses así. Aunque a veces tenemos dificultades en la vida, cuando la preocupación es exagerada, podemos empezar a sentirnos como un caso perdido, es decir, como alguien que no puede hacer frente a la vida. Esta preocupación falsa o exagerada suele ir acompañada de una mirada de lástima.

- **Compararte con otras personas:** cuando el narcisista señala que alguien que conoce puede hacer lo que tú no puedes o es mejor que tú en algo, te obliga a entrar en una escala de valores. Sea real o no, esto induce vergüenza y puede resultar difícil de ignorar. Por ejemplo, un hombre podría estar intentando ganar peso en el gimnasio, y entonces su novia le recuerda lo musculoso que era su exnovio. Una madre puede decirle a su hija soltera que todas las demás mujeres de su edad están felizmente casadas y tienen hijos. Estas sutiles comparaciones minan la autoestima y causan vergüenza.

Ten en cuenta que todo lo anterior está diseñado para crear la ilusión de que la persona objetivo tiene menos valor y que el narcisista tiene más valor y autoridad.

Compañeros en la vergüenza

Aquellos que se encuentran en el extremo izquierdo del continuo vergüenza/grandiosidad durante demasiado tiempo terminarán por interiorizar la vergüenza. Se sienten inferiores y menos que humanos. Sienten que no merecen el apoyo de los demás, sino que son ellos mismos quienes deben proporcionarlo.

En una relación sana, por el contrario, la vergüenza se comparte. Todas las partes trabajan juntas para mantenerse en el centro del continuo. Se transmite inconscientemente que todos somos humanos, que todos cometemos errores y que nadie es mejor que nadie. Somos iguales. Cualquier cosa contraria a esto, ya sea intencionada o no, es abusiva por definición.

Por ejemplo, si una persona le cuenta a un amigo o amiga que se avergonzó al presumir delante de alguien atractivo, el amigo o amiga, como gesto de aceptación y solidaridad, podría compartir una experiencia similar que haya tenido. Así, la vergüenza deja de ser un problema. Si compartes la misma historia con un narcisista, es posible que se ría de ti y luego te cuente lo atractiva que era su última conquista.

En una relación sana, lo que compartes es respetado y valorado por la otra persona. Tus límites se tienen en cuenta y la relación se basa en el intercambio y la igualdad, no en el control y la competencia. No hay juegos mentales. Te ríes junto con la otra persona, no eres la persona objetivo de sus burlas.

Las personas con vergüenza y empatía saludables:

- reflejan tus emociones.
- buscan formas de reírse *contigo*.
- admiten que se han equivocado sin poner excusas.
- te dan espacio para expresarte.
- adaptan su experiencia emocional para conectar contigo.
- se sienten cómodas poniendo límites.
- permiten la igualdad en la relación.
- respetan tu vulnerabilidad y se permiten, a su vez, ser vulnerables.

Cuando una persona tiene a su alrededor personas que trabajan por la igualdad y un equilibrio en el continuo vergüenza/grandiosidad, tendrá una *vergüenza sana*. Cree en su potencial y en su propia valía, pero acepta sus limitaciones y respeta el derecho de los demás a expresar su propia grandeza. No se define por su vergüenza, ni permite que esta la controle. Simplemente la utiliza para crecer y llevarse bien con las personas que le importan. Busca formas de prosperar mientras convive con los demás y les apoya. Sin duda, no tolera la falta de vergüenza en los demás.

Responder a la desvergüenza

Como se ha dicho anteriormente, la ley de la grandiosidad fomenta una de las cinco reacciones basadas en la vergüenza.

Esta ley también se puede aplicar al narcisismo. Cuando se está en una relación con un narcisista, la persona objetivo puede reaccionar ante la desvergüenza de la siguiente manera:

- **Aceptar su baja condición:** la vergüenza tóxica se desatará. Si el narcisista es un padre o una madre, el niño no tendrá más remedio que aceptar su posición en la jerarquía. Como adulto, si el narcisista ha destrozado suficientemente la autoestima de la persona objetivo o la ha atraído hacia una relación con él, la manipulará para que acepte su baja condición.
- **Intentar estar a la altura de los estándares del narcisista:** la persona objetivo podría esforzarse más por complacer al narcisista, o por explicarse y defenderse, o por hacer cambios y mejoras. El narcisista simplemente subirá el listón. Esto nunca termina y casi siempre conduce a un abrumador sentimiento de vergüenza.
- **Identificarse con el narcisista:** esto es lo más común. Para un niño, identificarse con los padres y verlos como omnipotentes y buenos es algo automático. Es una táctica de supervivencia necesaria. En una relación con un narcisista, la persona objetivo estará convencida de que se encuentra en una relación amorosa y equitativa. Muchas personas se preocupan simplemente por sus seres queridos, por lo que su amor les lleva a identificarse positivamente con el narcisista y a aceptar todo lo que ello conlleva.
- **Desidentificarse del narcisista:** los niños no tienen esta opción. En la edad adulta, esta suele ser el mejor camino. Puede implicar poner fin a la relación o retirar la implicación emocional como mecanismo de protección. Esto

se explicará con más detalle en la práctica titulada «Tierra quemada».

- **Desacreditar al narcisista:** no es recomendable enfrentarse a los narcisistas. Están bien entrenados y se nutren de los juegos mentales. Si uno se rebaja a su nivel, solo servirá para darles el suministro narcisista que necesitan. Este tema también se explorará en profundidad más adelante.

El núcleo de la persona objetivo

La redención no es perfección. Los redimidos deben ser conscientes de sus imperfecciones.

— John Piper

Sobre el yo verdadero

En el interior de cada persona se encuentra el yo verdadero. Este yo verdadero es emoción, creatividad, espontaneidad, energía, curiosidad, amor, paz, intuición y, por supuesto, grandeza. Es la conciencia la que observa, dejando de lado la lógica, que es tarea de la mente pensante.

En cambio, el yo verdadero puede percibir el mundo de formas que la mente no puede. La mente tiene la capacidad de aprender, almacenar, procesar y utilizar la información que recibe. El yo verdadero tiene la capacidad de *generar* nuevos conocimientos de la nada. Mientras que la mente *analiza* y *compara*, el yo verdadero *intuye* y *siente*, y a través de ese sentimiento, integra el mundo que le rodea en su núcleo. Es una parte muy sensible de nosotros y, sin protección, puede dañarse y verse afectada negativamente de innumerables maneras. Todos hemos visto la maravilla y el vigor de un niño. Es el yo verdadero del niño en acción, antes de que su mente se desarrolle por completo y comience a filtrar sus experiencias.

Conectarte con tu yo verdadero te proporciona una gran cantidad de energía e inspiración. Aunque es sensible, también es la parte más poderosa de nosotros. Es nuestra fuerza vital. Cuando se integra, nos da acceso a nuestra humanidad y a nuestro poder creativo. Conecta a todos los seres humanos. Aunque la mente puede repetir muchos hechos, el yo verdadero puede empatizar con otra persona y ayudarnos a construir una conexión. Los hechos solo nos llevan hasta cierto punto. Es el poder intuitivo del yo verdadero lo que nos permite desarrollar todo nuestro potencial y ser eficaces como seres humanos. Tu yo verdadero es numinoso; tenerlo contigo todo el tiempo es como contar con un buen amigo que te ayuda a afrontar los retos de la vida. Es la vida misma actuando a través de nosotros. Es adaptable y evolutivo.

Este yo verdadero puede ser abandonado. Los seres humanos tienen una necesidad natural de ser vistos, comprendidos, respetados y amados. Cuando se satisfacen estas cuatro necesidades, el yo verdadero prospera. La persona se siente integrada, completa y con un propósito. Por el contrario, cuando una persona es avergonzada sin posibilidad de redención, se estanca, se siente impotente y se fragmenta, y su autoestima disminuye. Tu autoestima y la fuerza de tu relación con tu yo verdadero están directamente relacionadas.

Para que el yo verdadero prospere, necesitamos la resonancia del mundo. Necesitamos que quienes nos rodean comprendan, acepten y apoyen nuestro estado actual. La resonancia significa que se nos permita expresar nuestras emociones, tanto las positivas como las negativas. Si expresamos tristeza por algo, la otra persona puede rechazar nuestra expresión con un sarcástico «¡Anímate, todo irá bien!». Si, por el contrario, la otra persona se identifica con nuestra tristeza y la siente, se logra la resonancia: el estado en que dos personas comparten una emoción, independientemente de cuál sea.

Cuanta más resonancia recibimos, más fuerte se vuelve nuestra fuerza vital y más impulso tiene nuestro yo verdadero. ¿Puedes recordar momentos en los que te has sentido apoyado y amado, y en los que, como resultado, te has sentido increíblemente enérgico y emocionado por abrazar la vida? Esto no solo proviene de las relaciones románticas, sino de cualquier persona en nuestras vidas que realmente nos comprenda. El amor y el apoyo afirman la vida. Hacen que nuestro mundo siga girando. Por otro lado, ser avergonzado y que tu yo interior sea rechazado o atacado detiene este proceso. La belleza del yo verdadero se ve envuelta en dudas y sometida a una introspección estricta y crítica. Cuando se le aplica demasiada vergüenza, el yo verdadero es analizado, cuestionado, juzgado y, finalmente, rechazado.

Sobre el ego

El ego se basa en la mente. Es nuestro representante en el mundo; una colección de pensamientos, creencias e ideas sobre cómo es el mundo y cómo debemos interactuar con él.

También contiene la idea de quiénes somos en el mundo. En otras palabras, controla cómo nos relacionamos con los demás y qué aspectos de nuestra personalidad mostramos (u ocultamos). La intuición, la energía y el amor son lo que realmente nos hace humanos, pero aún así necesitamos saber cómo pagar nuestras facturas, leer mapas, seguir las normas sociales, comunicarnos y, por supuesto, entender cuándo nos están manipulando.

Sobre el yo falso

El yo falso es una construcción del ego. Se trata de un conjunto de comportamientos que conforman una personalidad. Lo que lo hace «falso» es que no se basa en el yo verdadero. No se inspira en las emociones de una persona. Recuerda que el yo verdadero necesita sentirse seguro, amado, respetado y comprendido para prosperar. Para la persona objetivo, cuando no existe una conexión emocional genuina, o peor aún, cuando la persona es maltratada, puede resultar extremadamente doloroso experimentar el yo verdadero. Para el narcisista, experimentar el yo verdadero significa experimentar su vergüenza. La solución en ambas situaciones consiste en crear un yo falso que pueda tomar el control y actuar en nombre del yo verdadero, manipulando la realidad para hacerla más llevadera.

El yo falso cumple dos funciones:

- Impide que una persona experimente directamente su yo verdadero y, por lo tanto, que se vea influenciada por el

mundo exterior, lo que a su vez mitiga el grado de vergüenza y dolor que siente.
- Permite a una persona manipular su entorno con la esperanza de satisfacer sus necesidades.

Tanto los narcisistas como las personas objetivo tienen un yo falso. El yo falso se convierte en un requisito previo para que la persona objetivo pueda interactuar con un narcisista. En el caso del narcisista, el objetivo del yo falso es dominar a los demás para conseguir el control y obtener el suministro narcisista. En el caso de la persona objetivo, lo utiliza para evitar ser abandonada.

A lo largo de su vida, el narcisista crea un conjunto de comportamientos que se combinan de forma potente para formar su yo falso. Esto crea una cortina de humo que impide que la gente llegue a su yo verdadero. El yo falso del narcisista suele resultar muy convincente para los profanos. Se necesita tiempo para darse cuenta de que no se está tratando directamente con una persona real. El narcisista es extremadamente hábil para distraerte y evitar que descubras su verdadera naturaleza.

Algunos ejemplos del yo falso narcisista son:

- **El narrador:** cuenta una historia tras otra, presentándose a sí mismo como una persona con poder. También cuenta historias sobre su victimismo, pero luego explica cómo superó la situación y salió victorioso.

- **La víctima:** nunca le salen bien las cosas. Se alimenta de las historias de su desgracia y rechaza cualquier sugerencia para solucionar la situación. Su única intención es mantener a los demás emocionalmente involucrados en sus problemas durante el mayor tiempo posible.
- **El tipo fuerte y silencioso:** no muestra emociones, entusiasmo ni debilidad. Tiene un comportamiento estoico y se involucra poco en sus relaciones. Esto le da un aire de superioridad a los ojos de su persona objetivo.
- **El payaso:** se toma a la ligera todas las situaciones, hace comentarios ingeniosos con los que menosprecia lo que dicen los demás, bromea y acapara tu atención de cualquier forma, por ejemplo, mostrándote vídeos divertidos en Internet.
- **El hablador incesante:** utiliza los monólogos para atrapar a una persona o incluso a un grupo, absorbiendo su energía y atención con sus palabras.
- **La matriarca/el patriarca:** los padres o los jefes suelen desempeñar este papel. Utilizan su posición como excusa para actuar sin vergüenza, mientras coaccionan al niño o al empleado para que los adoren y se sometan a ellos.

Todos los roles anteriores son herramientas de control. La herramienta que se utilice depende del narcisista, pero también del poder y la autoestima de su persona objetivo. Por ejemplo, el narcisista impondrá su papel de matriarca/patriarca a su hijo o hija, que tiene un poder mínimo, gritándole órdenes y ridiculizándolo, para luego pasar a hacerse la víctima con su hermana empática y, a continuación, hacer de narrador o payaso con su amigo. Si un amigo tiene baja autoestima, entonces el papel de matriarca/patriarca todavía puede utilizarse. El narcisista simplemente seguirá probando hasta encontrar una forma de controlar a su persona objetivo.

Para el narcisista, no importa *cómo* controle a su persona objetivo, siempre y cuando lo consiga. Si no puede manipular abiertamente a su objetivo, con tener su atención es suficiente. Siempre que sea según sus condiciones, el narcisista obtiene su suministro narcisista.

Interactuar con el yo falso de un narcisista es como ver una obra de teatro o leer una novela. La actuación es elaborada y convincente. La intención del narcisista es atraerte a su terreno y mantenerte bajo su influencia. Nunca rompe el personaje. El yo falso del narcisista es convincente y absoluto. Cuando te atrapa, ya estás perdido. No hay forma de ir más allá. Todo es mente y nada corazón; de alguna manera se siente vacío y te deja con una sensación de desesperación. Se habla y se hace mucho, pero en el fondo no se logra una conexión genuina ni se experimenta crecimiento alguno. Es como ver la televisión sin parar o estar atrapado en un ciclo de lavadora que nunca termina.

Buscar en el lugar equivocado

Hasta cierto punto, todos tenemos un yo falso. Es una herramienta útil para relacionarnos con el mundo. Al final, lo dejamos a un lado como si fuera un traje de negocios y volvemos a un diálogo más genuino y basado en los sentimientos con nuestros seres queridos.

El núcleo de la persona objetivo

Los narcisistas, sin embargo, tienen su yo falso las 24 horas del día, los 7 días de la semana, y lo utilizan con todo el mundo, sin importar lo cercana que sea esa persona para ellos. Su intención es controlar, no experimentar una conexión genuina y un crecimiento interno. La vulnerabilidad es una zona prohibida para ellos. Como resultado, no pueden ofrecer resonancia, ya que no están en contacto con sus propios sentimientos. Además, el narcisista tiene una realidad muy específica que imponer; la persona objetivo debe permanecer fija y orbitarlo como una estrella.

En una relación con un narcisista, es evidente que la persona objetivo no es aceptada tal y como es, por mucho que lo necesite. En cambio, se le obliga a adoptar un papel específico que contribuye a reforzar la grandiosidad del narcisista. Para conseguir su aceptación, la persona objetivo se esfuerza por crear un yo falso que se adapte al del narcisista. Este yo falso es un conjunto de comportamientos que adopta con la esperanza de evitar el abandono, ya que mostrar su yo verdadero es claramente motivo de rechazo.

El papel más común es el de la persona agradable. Cuando adopta este papel, la persona objetivo se comporta de manera extremadamente correcta y cooperativa. El narcisista tiende a reforzar y recompensar a este tipo de persona, por razones obvias. Incluso si la persona objetivo está enfadada, frustrada o herida, deberá seguir comportándose de manera agradable, ya que no puede desafiar el estricto orden del narcisista. Esa es la razón por la que se considera un yo falso. No es congruente con lo que la persona objetivo siente ni con lo que necesita en ese momento. En lugar de identificarse y conectar con su yo verdadero, la persona objetivo se identifica con una construcción mental condicionada por el narcisista. A través de este condicionamiento, la persona objetivo se *convierte* en un conjunto estricto de comportamientos y creencias.

La persona objetivo se ve obligada a reflejar al narcisista de la siguiente manera:

- **El narrador:** la persona objetivo se convierte en un buen oyente y solo puede contribuir a la relación contando sus propias historias. Lo más desesperante es que cada historia que cuenta la persona objetivo será superada por el narcisista. Se convierte en una competición en la que el narcisista siempre debe ganar.
- **La víctima:** la persona objetivo se adapta invirtiendo sus emociones en los interminables problemas del narcisista. Si intenta expresar su propia desgracia, el narcisista se desconecta.
- **El tipo fuerte y silencioso:** la persona objetivo invierte la emoción y la vulnerabilidad en la relación, y confía en que el narcisista sea predecible y una persona fuerte. La persona objetivo se siente a la vez tranquila y frustrada por la rigidez del narcisista.
- **El payaso:** la persona objetivo se convierte en un público complaciente para el narcisista, riéndose o incluso siendo el blanco de sus bromas.
- **El hablador incesante:** la persona objetivo escucha con una sensación de desesperación, incapaz de escapar. El desequilibrio pasa factura a la persona objetivo con el tiempo y surge la vergüenza.

El núcleo de la persona objetivo

- **La matriarca/el patriarca:** la persona objetivo será infantilizada. Todas las decisiones las toma el narcisista, y a la persona objetivo no se le da voz. La persona objetivo solo es reconocida cuando se comporta como espera el narcisista.

Al relacionarse de esta manera, la persona objetivo es engañada haciéndole creer que ha logrado la seguridad del amor del narcisista. Sin embargo, el narcisista solo está enamorado de su propio yo falso. El amor es imposible, ya que, en realidad, lo que la persona objetivo tiene es un yo falso que se «relaciona» con el yo falso del narcisista, que solo se preocupa por su propia imagen. La distancia emocional aquí es evidente.

Figura 4: La interacción entre un narcisista y una persona objetivo. El narcisista se identifica con un yo falso. La persona objetivo, a su vez, se identifica con su propio yo falso, que adora el yo falso del narcisista. La conexión verdadera es imposible.

Este arreglo evita que la persona objetivo sea abandonada por el narcisista, pero no satisface sus necesidades. Hay que hacer algo más. El yo verdadero no puede ser negado. Anhela conexión y una salida para su grandeza. El resultado es la *disociación*.

Adiós, mundo

Tener un yo falso que adora a otro yo falso es una experiencia solitaria. El yo verdadero de la persona objetivo se siente abandonado y, como resultado, avergonzado. La persona objetivo intenta buscar la aprobación del narcisista, pero se encuentra con distancia emocional, humillación, comportamientos distractores y, cuando el narcisista lo considera necesario, ira.

El narcisista aborrece las necesidades de la persona objetivo. Por lo tanto, la grandeza de la persona objetivo no tiene ninguna vía de expresión. La persona objetivo necesita desesperadamente dejar de sentir el dolor de la soledad, la vergüenza y el abandono. Si no tiene a nadie en su vida que le ofrezca resonancia, recurre a la disociación, viendo el mundo y a sí misma a través de su imaginación. Así, obtiene una vía de escape para su yo verdadero y toma el control sobre su propia imagen.

Al igual que el yo falso del narcisista, este yo imaginario de la persona objetivo es percibido como omnipotente en comparación con el yo verdadero basado en la vergüenza. Según esta definición, la persona objetivo también utiliza un mecanismo narcisista, ya que rechaza su humanidad y se identifica con un yo impecable. Sin embargo, la diferencia clave estriba en cómo lo hace. El narcisista expresa su grandiosidad *comprometiéndose* con el mundo, aunque sea sometiendo, cosificando y controlando a los demás. La persona objetivo de un narcisista, en cambio, *se desvincula* del mundo y se refugia en la fantasía, es decir, su yo grandioso existe solo en su imaginación.

Vivir en la disociación es un mecanismo de defensa que crea una nueva realidad, alejada del yo verdadero, del mundo real y de la dolorosa experiencia de la vergüenza tóxica. Cuando un narcisista se ve obligado a enfrentarse a su vergüenza, su táctica es mentir, desviar la atención, manipular y, si es necesario, reaccionar con ira. En el caso de la persona objetivo, simplemente se aleja a su mundo fantástico y seguro. En este mundo fantástico, la persona objetivo puede ser quien quiera. Nunca es menos que nadie, nunca se le menosprecia y no tiene que sentir la fricción del mundo real.

Al disociarse, la persona objetivo pierde el contacto con su mente pensante y su yo verdadero; se traslada a otro lugar completamente diferente. En su imaginación, puede recuperar el poder y el amor. Puede ganar esa discusión con el narcisista y recibir una inyección de fuerza. Puede invocar la resonancia, imaginando interacciones en las que la gente la escucha y la entiende, y así sentir una sensación de amor. La imaginación se convierte en un refugio y una herramienta de liberación para las necesidades auténticas del yo verdadero.

Un ego integrado

En un mundo ideal, una persona en las primeras etapas de la vida es guiada de la mano a través de la desconcertante experiencia de ser humano. A medida que comienza a sentir sus emociones y a desarrollar su sentido del yo verdadero, se encuentra con límites internos y obstáculos externos con los que se le enseñan estrategias para superarlos. La vergüenza se siente como una leve presión, pero no abruma a la persona, y esta no se desanima. Por lo general, las emociones no abruman; se le enseña a la persona a manejarlas, paso a paso, a medida que surgen. La persona sigue sintiendo su fuerza interna y su grandeza. La mayoría de sus expresiones emocionales, tanto positivas como negativas, son aceptadas por sus seres queridos.

Además, las personas más importantes en la vida de la persona se adaptarán y, en ocasiones, disfrazarán la realidad, no para que la persona se sienta inferior, sino para que se sienta digna e igual. Cuando se alcanza este equilibrio, la persona se siente especial y humana, todo al mismo tiempo. En el continuo vergüenza/grandiosidad, se sitúa en algún punto intermedio. Su viaje por la vida es un terreno llano, donde los obstáculos se pueden superar y el apoyo está al alcance de la mano.

El resultado de tal crianza es un ego bien entrenado. La persona es consciente de todas sus emociones. Puede identificarlas, gestionarlas y, a continuación, tomar las decisiones correctas. Tiene una autoestima alta y es segura socialmente. El yo verdadero está integrado. La mente es consciente de las normas y comportamientos sociales y puede adaptar el mundo emocional del yo verdadero a la hora de tomar decisiones, así como el mundo emocional de los demás. Cuando las emociones se vuelven abrumadoras, la persona tiene recursos para cuidarse a sí misma y se siente lo suficientemente digna como para pedir ayuda. Se comprende lo suficiente como para saber qué tipo de ayuda necesita. Se vuelve experta en mediar entre su yo verdadero y el mundo. Se crea un *ego sano*.

La palabra «ego» suele asociarse con el narcisismo, en el sentido de que quien tiene mucho ego es engreído y egocéntrico. En realidad, la definición psicológica de ego es «*la parte de la mente que media entre lo consciente y lo inconsciente, y es responsable de la comprobación de la realidad y del sentido de la identidad personal*».

Un ego sano es un mediador que toma decisiones lógicas basadas en lo que ve en el mundo y en lo que le dice el yo verdadero. Es los ojos de nuestro yo verdadero. También es una construcción de la mente —no es real. El budismo zen lo describe como un obstáculo para conocer tu yo verdadero. Esto puede ser cierto, ya que un yo falso puede aislar a una persona de su experiencia fundamental. Sin embargo, el ego también es necesario para desenvolverse en el mundo. El ego es el guardián que decide lo que es bueno y lo que es malo para el yo verdadero.

Las consecuencias de la disociación

Para la persona objetivo del narcisismo, la vida es una escalada traicionera e interminable en la que simplemente no hay apoyo. Al enfrentarse al mundo, fracasa estrepitosamente, una y otra vez. Sus emociones son abrumadoras y siente que está constantemente bajo ataque. No tiene un espacio seguro donde desarrollar un ego sano. Busca frenéticamente una salida hasta que descubre ese lugar mágico en su mente, por encima de las nubes, donde no hay turbulencias y donde no tiene que enfrentarse al dolor y a las desavenencias de la vida cotidiana.

Sin embargo, este estado disociado tiene muchas consecuencias nefastas:

- **Aprendizaje atrofiado:** aprendemos sobre el mundo cuando nos sentimos seguros. Nuestras emociones están controladas y podemos concentrarnos lo suficiente como para asimilar los conceptos necesarios para nuestro día a día. Sin embargo, desde un estado disociado, se pasan por alto los hechos. Los conceptos importantes se convierten en abstracciones, y no se completan los detalles. Por ejemplo, una persona que ve el mundo desde un estado disociado hablará de esa calle que visitó, con todos esos árboles. En cambio, un ego bien entrenado sabrá el nombre de la calle, dónde se encontraba, que es popular entre los turistas, recordará algunas de las tiendas y recordará vívidamente cómo se sintió al estar allí. Con un ego sano, el conocimiento y la experiencia se integran.
- **Incapacidad para manejar los sentimientos:** cuando se ve obligado a relacionarse con el mundo, la persona objetivo también se ve obligada a involucrar sus emociones. Vivir en la fantasía significa que la persona objetivo tiene poca práctica en comprender y procesar sus sentimientos.

El núcleo de la persona objetivo

Manejar tu vida requiere un ego fuerte y bien entrenado, que establezca límites y fronteras para que las emociones puedan vagar sin salirse de control. Por ejemplo, un ego bien entrenado sabrá que cierto amigo, aunque es divertido, también es emocionalmente agotador, y tomará la decisión de limitar el tiempo que pasa con él o los temas que abordan para conservar su energía. Un ego bien entrenado apoyará a un amigo que lo necesite, pero sabrá cuándo es el momento de estar solo para recargar las pilas. En un estado disociado, una persona apenas será consciente de por qué está agotada.

- **Control delegado:** una persona debe estar comprometida con el mundo para tener control sobre su vida. Sin embargo, las personas objetivo no están comprometidas y delegan muchas de sus decisiones vitales en manos de otras personas, personas que están más comprometidas y que supuestamente saben más. Cederán el control a un narcisista.
- **Susceptibilidad a la manipulación:** esta renuncia al control deja a la persona objetivo expuesta a la manipulación. Dado que la persona objetivo no tiene un ego bien informado que medie y establezca límites, el narcisista tiene fácil acceso para manipularla.
- **Mala memoria:** una persona que disocia tendrá lagunas en su memoria. No es raro que los hijos de narcisistas olviden los detalles de gran parte de su infancia. Pueden ser olvidadizos en general.
- **Aumento de la ansiedad:** intentar mantener un mundo perfecto es difícil, ya que la persona objetivo *tiene* que interactuar con el entorno imperfecto que la rodea. La ansiedad social es común, ya que exponerte a los demás significa

tener que enfrentarte a tu yo verdadero e interactuar con ellos. Esto rompe la ilusión y hace que el yo verdadero entre gritando en el mundo real como un bebé arrancado del útero. La persona objetivo no está acostumbrada a exponer su yo verdadero al mundo. El narcisista se ha encargado de ello.

- **Alienación del yo:** cuando una persona se disocia, no hay nadie en casa para ocuparse de las cosas. Las necesidades emocionales se ignoran, la ansiedad se dispara y el desarrollo y crecimiento personal se frenan, ya que la persona no está en contacto con su yo verdadero ni con sus deseos o necesidades. Es una experiencia muy solitaria.
- **Relaciones débiles:** ser amigo o tener una relación con alguien que se disocia es difícil, por razones obvias. Una relación requiere compromiso, intimidad, integridad y fortaleza. Para permanecer disociado se requiere un entorno rígido, en el que nada sea demasiado desafiante. La vida, por naturaleza, es desafiante, y esto se refleja en las relaciones. Los demás necesitan sentir que una persona tiene agallas. Cuando una persona está disociada, las relaciones a largo plazo suelen basarse en un conjunto de roles y comportamientos rígidos, en lugar de en emociones genuinas y flexibilidad.

La persona objetivo, mientras está disociada, vive en un estado de miedo constante. Esto continuará hasta que tome conciencia del hecho y encuentre un entorno acogedor que le permita salir de su escondite. El proceso de abandonar la fantasía y volver a entrar en el mundo real es una experiencia discordante y difícil; no obstante, es un viaje que la persona objetivo tendrá que emprender para establecer una vida fuera del régimen narcisista.

La solución a la disociación consiste en crear un espacio seguro, así como en recibir la resonancia de los demás. Esto implica disolver el yo falso e integrar simultáneamente el yo verdadero en el ego. Este proceso se explorará más adelante, cuando se presenten las siete prácticas.

El juego

Podríamos ver la interacción humana como un deporte. Todos nos ponemos una máscara y, en función de la situación, adoptamos una serie de comportamientos recíprocos que estructuran nuestra relación con los demás. Y, como en cualquier deporte, existen reglas y expectativas. Por ejemplo, la forma en que estructuramos los correos electrónicos formales, cómo nos saludamos y los temas que es mejor evitar.

La posición social de la persona afectará a la forma en que interactuamos con ella. Por ejemplo, la forma en que tratamos a los médicos es única. Hablamos con cautela y los miramos con admiración, esperando obtener respuestas como si fueran oráculos. La placa en la puerta determina las normas de interacción. A su vez, se espera que el médico se comporte de manera profesional y nos preste un servicio. El lugar de trabajo, la consulta del médico, el uniforme de policía, etc.: en estos casos, el marco de relación está predeterminado. Es evidente que cualquier persona puede abusar de su posición, pero al menos existe un rango dentro del cual se espera que se comporte.

El juego

En las relaciones personales no hay un marco formal. Estamos unidos por elección propia y los límites no están establecidos explícitamente desde el exterior. El juego se rige por algo mucho más profundo y personal: *nuestras emociones*. Y eso nos hace mucho más vulnerables. La relación es el campo de juego y las emociones son la forma en que jugamos. Cuando alguien traspasa nuestros límites, podemos utilizar nuestra ira para hacérselo saber. Cuando sentimos que alguien amenaza nuestra relación, los celos pueden impulsarnos a hablar con nuestra pareja. Si hacemos daño a otra persona, nuestra culpa nos empuja a reparar el daño causado.

En efecto, nos involucramos en el juego de las relaciones humanas cuando exponemos nuestras emociones. Cuanto más nos involucramos emocionalmente con una persona, más probable es que nos escuchemos mutuamente. Nos dedicamos tiempo mutuamente y nos dejamos influir por la otra persona de diversas maneras. A través de nuestras emociones, una persona deja de ser un objeto para convertirse en un ser humano al que queremos y cuyo bienestar nos importa. La relación existe en nuestros corazones y en nuestras mentes. Permitimos que la otra persona ocupe un lugar en nuestros espacios más íntimos. Le permitimos acceder a nuestro yo verdadero; el lugar más allá de la mente y detrás de nuestra máscara social. A medida que la relación se desarrolla, nos sentimos cada vez más apegados a la persona. Este apego es un vínculo muy real, y la emoción es lo que lo mantiene unido.

Al abrir nuestro yo verdadero a una persona, nos estamos abriendo a ser influenciados emocionalmente y, por supuesto, manipulados. La única regla fundamental y tácita del juego es *la regla de oro*, que consiste en tratar a los demás como te gustaría que te trataran a ti. Es decir, como miembros de una sociedad, todos nos vemos afectados por nuestras emociones y, por tanto, debemos respetar los límites de los demás y tener cuidado de no tocarles la fibra sensible.

Los narcisistas son muy conscientes de la regla de oro y de cómo la mayoría de la gente la sigue. Funcionan bajo su protección, pero no dudan en romperla. También saben cómo funcionan las emociones. Saben que nos abrimos cuando nos gusta alguien. Saben que si pueden hacerte sentir pequeño o inferior, te invadirá la vergüenza. Son conscientes de que, si se hacen las víctimas, se activará tu sentido de la culpa y te esforzarás por rectificar la situación. Saben que si te imitan de la manera adecuada, empezarás a sentir simpatía por ellos, y que si te cuentan una historia conmovedora, empatizarás con ellos y se ganarán tu cariño. Saben que si te cautivan lo suficiente y juegan bien sus cartas, desarrollarás un apego hacia ellos. También saben cómo reaccionarás cuando amenacen ese apego. Son conscientes de lo abrumadoras que pueden ser las emociones y del importante papel que desempeñan en el juego. También saben que da igual si las situaciones son reales o no —la reacción emocional será la misma, y esa es la que cuenta.

La cuestión es que no responden como nosotros. No sienten vergüenza ni culpa, y sus emociones no les afectan como a otras personas. Por ello, pueden bombardear los circuitos emocionales de la persona objetivo sin remordimientos, distrayéndola de la verdad, minando su autoestima y haciéndola dudar de sí misma. El narcisista es un experto en el juego de las relaciones humanas y sabe cómo influir en los demás. Sin una conciencia que lo mantenga a raya, se convierte en un manipulador experto.

Además, los narcisistas están más que dispuestos a combinar la manipulación con los marcos sociales para conseguir un doble efecto. Son muy conscientes del aumento de poder que supone entrar en política. Prosperan como directivos en la oficina, lo que les permite decirles a los demás qué tienen que hacer. No es de extrañar que los narcisistas tiendan a gravitar alrededor de los puestos de poder. Sin embargo, incluso si no cuentan con un marco social que los respalde, saben que si crean la *ilusión* de tener un estatus superior, pueden utilizar la ley de la grandiosidad en su beneficio. Buscan constantemente formas de crear e imponer una jerarquía en la que se encuentren en la cima, utilizando la vergüenza como arma principal. Consideran las emociones de los demás como una herramienta más y el juego de las relaciones humanas como un deporte en el que hay que participar y ganar, sin mostrar ningún respeto por la regla de oro. El narcisista mira fijamente a su persona objetivo, sabiendo muy bien que el juego ha comenzado y que está destinado a ganar.

Comienza el juego: Control mental para principiantes

Si no controlas tu mente, alguien más lo hará.

— ***John Allston***

Los narcisistas quieren tener a su persona objetivo bajo control. Sin embargo, antes de lograrlo, necesitan atraerla a su esfera de influencia. Lo consiguen de múltiples maneras, siendo las dos más comunes la *superioridad sancionada* y el *encanto*.

Superioridad sancionada

Si el narcisista es un progenitor o un superior jerárquico, su tarea se vuelve mucho más fácil. Cuando se encuentra en una posición de poder natural, el narcisista es visto por su objetivo como alguien superior; una fuente de estructura y orientación. El control sancionado sobre otro ser humano resulta extremadamente útil para el narcisista, ya que es la forma más fácil de obtener suministro gratuito. Muchos padres y madres lo hacen sin darse cuenta y mantienen a sus hijos e hijas atrapados en una jaula de culpa y manipulación para que no se alejen demasiado de ellos. Es importante señalar que no todos estos padres tienen un trastorno de personalidad narcisista, pero esta tendencia es narcisista.

Además de su posición de poder sancionada, el narcisista reafirma su autoridad ridiculizando y avergonzando a quienes están por debajo de él y actuando sin vergüenza. Esta estrategia contribuye a reforzar la idea de que el narcisista tiene un estatus superior. Al mantener a la persona objetivo sumida en la vergüenza, el narcisista se asegura de que siga siendo dócil. Recordemos que la vergüenza es la emoción que nos iguala, y nos empuja a comportarnos como espera la sociedad para ser aceptados.

A medida que un niño crece, y dependiendo de la cantidad de vergüenza sana que muestren sus padres, su percepción idealizada de ellos se atenuará y comenzará a verlos como lo que son: seres humanos con defectos. Sin embargo, esta transición natural se ve frustrada si el progenitor es narcisista. Su desvergüenza y grandiosidad, mezcladas con la impresionabilidad del niño, son una combinación peligrosa. La sociedad agrava esta situación al convertir en tabú cuestionar a la persona que te trajo al mundo. Por lo tanto, ver a tus padres o familiares bajo una luz negativa provoca intensos sentimientos de culpa.

También puede resultar difícil ver a tu jefe como alguien que se aprovecha de ti para obtener suministro narcisista, ya que esperas recibir órdenes de alguien que está por encima de ti en la jerarquía laboral. No obstante, la relación laboral no es indicativa del narcisismo. Lo que marca la diferencia es la actitud hacia los demás y el trato que se les dispensa. Para el narcisista, un empleado es un objeto que hará lo que se le diga y le proporcionará su suministro. Para una persona con un sentido sano de la vergüenza, un empleado es una persona con derechos básicos que ha aceptado asumir un papel a cambio de un salario.

Un gerente narcisista:

- Esperará que sus empleados trabajen horas extras sin tener en cuenta su nivel de estrés ni su bienestar general.
- Menospreciará a los empleados y se aprovechará de sus debilidades.
- Desdibujará los límites de las obligaciones contractuales y manipulará a sus empleados para que vayan más allá de lo que les exige su deber.
- Impondrá una comunicación unidireccional y no permitirá que los empleados le cuestionen a él ni su agenda.
- Realizará ataques verbales y personales contra los empleados.
- Provocará drama y confusión al comunicarse con sus empleados.

Un gerente con un sentido saludable de la vergüenza, por el contrario:

- Fomentará un alto nivel de trabajo y, al mismo tiempo, respetará la felicidad y el bienestar de sus empleados.

- Establecerá una relación con los empleados basada en el respeto mutuo.
- Se basará en un ciclo de retroalimentación con los empleados y se responsabilizará de garantizar una relación laboral saludable.
- Respetará el derecho de los empleados a tener límites personales.

En resumen, una posición de superioridad y una actitud desvergonzada son una combinación potente, especialmente contra quienes se han acostumbrado a vivir bajo un régimen narcisista.

Encanto

El encanto es útil cuando no hay jerarquías de poder y se utiliza para atraer a la persona objetivo a la esfera de influencia del narcisista.

Al utilizar el encanto, el narcisista transmite dos mensajes a su persona objetivo: «Me gustas» y «Soy igual que tú». Cuando conoces a una persona normal, esta suele mostrar un escepticismo saludable, y se necesita tiempo para ganarse su confianza. Si tienes suficientes cosas en común, se creará un vínculo poco a poco a partir de esas similitudes. La confianza se construye de forma gradual y constante. Sin embargo, en la mayoría de los casos, las similitudes no son lo suficientemente fuertes y la poca relación que se ha creado acaba desapareciendo.

Con un narcisista, la relación empieza con fuerza. El narcisista aparenta compartir muchas de tus aficiones. Es muy atractivo y rápido a la hora de hacerte pequeños favores que no has pedido. Hace que la mayoría de tus otras relaciones parezcan insulsas en comparación. Cuanto más impresionable seas ante su encanto, más probable es que el narcisista lo utilice.

Algunas señales de que el narcisista está utilizando su encanto contigo son las siguientes:

- Mantiene un contacto visual fijo y penetrante.
- No tiene reparos en decirte «me gustas» muy poco después de conocerte.
- Se muestra muy agradable y simpático, pero de repente puede cambiar de actitud y actuar como si ni siquiera existieras.
- Comparte muchos de tus intereses, pero solo a través de la conversación: no hay pruebas reales de ello.
- Te presta toda su atención y se pone en contacto contigo constantemente (lo que también se conoce como *love bombing*).

También puedes darte cuenta de si un narcisista está utilizando su encanto si confías en tu intuición. Normalmente, te hace sentir bien y desagradable a la vez. Como un robot que intenta imitar las emociones humanas, el comportamiento del narcisista tiene un aire mecánico, principalmente porque está fingiendo —no es real. Una persona con vergüenza sana y buenas intenciones se sentirá incómoda con demasiado contacto visual, no se interesará por ti sin motivo y será capaz de demostrar claramente que comparte tus intereses.

Si la persona objetivo está sola o siente hambre de amor, cualquier atención será bienvenida. No tendrá más remedio: la atracción será magnética y casi irresistible. Aunque no se sentirá bien, su necesidad de atención y aceptación prevalecerá sobre su instinto. Esta primera etapa de la relación es crucial para el narcisista. Una vez que ha logrado establecer una buena relación y conseguir que la persona objetivo se comprometa, manipularla resulta mucho más fácil. Somos mucho más complacientes con las personas que nos caen bien.

El encanto se mantendrá hasta que ocurra una o ambas de las siguientes situaciones:

- **La persona objetivo está completamente conquistada:** una vez que el narcisista tiene a la persona objetivo completamente comprometida en la relación, el encanto puede desaparecer. En este punto, la persona objetivo se ha desarmado y ha dejado de lado cualquier escepticismo. Si el control sobre la persona objetivo comienza a flaquear, entonces el encanto puede volver a activarse.
- **La persona objetivo ya no es útil para el narcisista:** este ciclo puede repetirse una y otra vez. El narcisista se gana el afecto de la persona objetivo con su encanto, obtiene lo que necesita (un refuerzo para su ego, un favor, compañía) y luego la descarta de nuevo. Esto también puede ocurrir en las relaciones románticas, en las que el narcisis-

ta empieza a actuar de forma más distante y reservada, o abandona la relación de repente.

La clave para darse cuenta de que el narcisista está utilizando su encanto es que puede activarlo y desactivarlo a su antojo. Los elogios generosos y entusiastas se convierten en silencio de radio. Luego, cuando la persona objetivo empieza a distanciarse o el narcisista necesita un nuevo suministro, vuelve a activarlo a toda potencia. Este ciclo puede darse tanto en una relación íntima como con un simple conocido. Depende de lo que necesite el narcisista en cada momento.

Normalmente, una persona que se desvincula tiene razones: el estrés, el agobio, o incluso podría seguir comprometida a un nivel menor y explicar su situación. Con un narcisista, simplemente se apagará como si el cariño que la persona objetivo creía que existía nunca hubiera sido real. Es *repentino* y *rápido*, y a menudo puede ser la única señal de alarma que notarás. El narcisista simplemente dejará sin respuesta un mensaje de texto o se limitará a mirar fijamente, con la mirada perdida.

Utilizando su superioridad sancionada o su encanto, el narcisista ha atraído a la persona objetivo hacia su esfera de influencia. El siguiente paso será afianzar su control. Lo consigue desmoronando y luego recreando la identidad de la persona objetivo, así como reprogramando su realidad.

Secuestrando tu realidad

Si alguien viera un lunar en tu mano, te mirara con sorpresa y preocupación y te dijera que estás gravemente enfermo y que debes ir inmediatamente al hospital, ¿le creerías? Probablemente no. Sabes que un lunar es una mancha solar y que, si es marrón, es inofensivo. Confías en tu capacidad para interpretar la realidad.

¿Y si alguien te dijera que tienes algo en el pelo? ¿Le creerías? Probablemente sí, pero podrías comprobarlo fácilmente mirándote en un espejo o tocándote el pelo.

¿Y si, en cambio, alguien te dijera algo que estuviera abierto a interpretación? ¿Y si te dijera que hoy tu pelo tiene un aspecto raro? ¿O que siempre pareces malhumorado? ¿Que no le gustas a mucha gente? ¿Que quizá vistes de forma extraña? ¿O que eres desconsiderado?

Quien respeta la regla de oro y tiene sentido moral conoce el poder de las palabras, y reflexiona antes de expresar sus opiniones y juicios. Las someterá a prueba para comprobar su veracidad y considerará su impacto en los demás. Por el contrario, un narcisista emitirá juicios y dirá cosas hirientes que apunten a las inseguridades de alguien —sin dudarlo— y actuará como si fueran verdades absolutas.

A menudo, no importa tanto lo que se dice, sino cómo se dice. El narcisista expresará sus ideas con tal convicción y pasión que quien lo escuche se sentirá fuertemente inclinado a creerle. El narcisista se basará en esta convicción y en las debilidades de su persona objetivo para hacer avanzar sus intereses.

Mientras un narcisista se abre camino en tu corazón con su encanto, busca tus inseguridades. Cuando las descubre, las utiliza para acceder a tu mente. Tus inseguridades más profundas provienen en su mayoría de la infancia. Cuando se sacan a relucir, especialmente por alguien cercano, se reabren esas heridas y te vuelves más vulnerable. Los supuestamente inocentes comentarios despiertan tus emociones y abren pequeñas brechas que permiten al narcisista acceder a tus espacios más sensibles.

Los comentarios subjetivos son un arma muy poderosa en la guerra por tu mente. El objetivo es romper tu sentido de la realidad para después crear uno nuevo en el que tú eres un peón en el juego del narcisista.

El narcisista lleva a cabo este proceso de secuestro en tres pasos:

1. Destruye tu identidad poco a poco

El narcisista puede cuestionar cómo has ordenado los libros en la estantería o decirte que tu peinado es raro. Te dice que has engordado últimamente. Te dice que no pasas suficiente tiempo con él y que incluso su ex, a quien describía como egoísta e incompetente, le dedicaba más tiempo que tú. Te dice que tus amigos son groseros y presumidos. Que eres demasiado emocional o, por el contrario, demasiado distante emocionalmente. Que debes centrarte más en tu carrera y ganar más dinero. Que eres egocéntrico y no te preocupas lo suficiente por los sentimientos de los demás.

Son estas opiniones y comentarios —sutiles y a menudo infundadas— los que acaban minando la autoestima de una persona y haciéndole creer que es incompetente en comparación con el narcisista. Están diseñados para hacerte cuestionar tu persona y tu realidad. No es raro sentir vergüenza e indignidad durante días después de haber estado con un narcisista. Empiezas a preguntarte: ¿Estoy engordando? ¿Soy demasiado egocéntrico? Es solo cuestión de tiempo que estos ataques persistentes y sutiles surtan efecto.

2. Te inculca una nueva identidad

A medida que el narcisista destruye tu autoestima e identidad, la vergüenza se apodera de ti. Cuanto más te invada, más te esforzarás por redimirte. Entonces ese es el momento ideal para empezar a reconstruir tu identidad, lo que implicará convertirte en lo que el narcisista necesite.

Al decirte que eres demasiado emocional o al mirarte con desagrado por expresar tus emociones, el narcisista te empuja a mostrar menos emoción, todo con el objetivo de atrofiar tu capacidad de expresarte en la relación. Al decirte que eres egocéntrico, te empuja a compensar esta falsa percepción prestándole cada vez más atención. Al reírse de tu elección de ropa, te hace expresar menos tu individualidad y, en cambio, te sumerges más profundamente en su red, llegando incluso a vestirte como él espera que lo hagas. Al ridiculizar y atacar constantemente a tus amigos y familiares, te hace cuestionar tus relaciones y, poco a poco, alejarte de las personas que te importan para invertir más tiempo y energía en tu relación con el narcisista. El narcisista no quiere que tengas una red de apoyo; quiere que dependas completamente de él, para poder tenerte bajo su control.

3. Utiliza una estrategia de recompensa/castigo para consolidar la nueva identidad

Si te comportas como el narcisista espera, normalmente te recompensará con cumplidos, atención o sexo. Sin embargo, si muestras tu identidad original o no actúas como se espera, te castigará verbalmente, te atacará, expresará su disgusto, te ridiculizará, te avergonzará o te dará la espalda.

El narcisista te hace creer cosas que no son ciertas. Cuando tienes una percepción distorsionada de la realidad, no sabes cómo sentirte ni cómo actuar. Las manipulaciones retorcidas del narcisista se convierten entonces en tu realidad. El narcisista tiene el control de tu mente. Lo único que sabes es que tú sigues cometiendo errores y él no. Así que concluyes que es mucho más competente y poderoso que tú. Tu autoestima cae cada vez más y tu nueva identidad como subordinado toma el control.

Comprender tus obstáculos

Si intentas alcanzar tus metas, encontrarás obstáculos. Yo los he tenido; todo el mundo los ha tenido. Pero los obstáculos no tienen por qué detenerte. Si te topas con un muro, no des media vuelta y te rindas. Busca la manera de escalarlo, atravesarlo o rodearlo.

— *Michael Jordan*

Ahora comprendes la grandiosidad y la vergüenza, y cómo pueden atarte al narcisista. Has aprendido sobre los efectos destructivos de la vergüenza tóxica. Sabes que el narcisista utiliza el yo falso para conseguir control y distancia emocional al mismo tiempo. Sabes cómo manipula y rompe las reglas del compromiso humano, y tienes una idea básica de cómo funciona el control mental. Estás listo para actuar. Pero, antes de hacerlo, es útil comprender los obstáculos a los que te enfrentarás en esta batalla.

Obstáculo 1: Enmarañamiento

Mantenerte en un estado de enmarañamiento y sumisión significa que tu sentido del yo depende del narcisista. Sin una identidad individual fuerte, tu fuerza de voluntad y tu autoestima se ven afectadas. Esto hace que sea más difícil actuar en tu propio interés.

Aunque no tienes la culpa, formarás parte involuntaria del problema. La lucha se librará en tu interior. El hecho de que tu sentido del yo haya sido secuestrado y tu fuerza interna se vea comprometida debilita tu fuerza de voluntad.

Tu estado psicológico te jugará en contra cuando intentes cambiar, o lo que es peor, repetirás inconscientemente la misma dinámica una y otra vez. Como un pez en el agua, puede ser difícil saber cómo es la vida sin estar bajo el hechizo hipnótico de un narcisista. Se necesita vigilancia, esfuerzo consciente y valor para cambiar de rumbo.

Obstáculo 2: La jaula psicológica

El régimen narcisista reduce la realidad de la persona objetivo a un papel específico. Cuanto más tiempo vive la persona objetivo bajo este régimen, más lo interioriza. Su mente absorbe el entorno y se adapta a él. El mundo que crea el narcisista se convierte en la realidad de la persona objetivo. Esta construcción es, en efecto, una jaula que mantiene a la persona objetivo aprisionada. Internalizar tal realidad la convierte en una *jaula psicológica*. La persona objetivo vive con la creencia de que no puede ir más allá de ciertos límites. Incluso si escapa del abuso narcisista, seguirá viviendo dentro de su jaula psicológica.

Salir de la jaula le provoca ansiedad y miedo. La persona objetivo está institucionalizada. Es fundamental ser consciente de este concepto, ya que puede actuar sin ser detectado. ¿Te sientes tonto cuando pruebas cosas nuevas? ¿La opinión de los demás te impide destacar? ¿Sientes un miedo y una ansiedad extremos cuando te hacen responsable de algo? ¿Lo desconocido te aterra? Puede que estés experimentando la jaula psicológica en acción. La jaula psicológica es real, al igual que el miedo que surge cuando se ve amenazada.

Obstáculo 3: Hambre de amor

En nuestro interior, tenemos una necesidad inherente e insaciable de ser vistos, escuchados, respetados y comprendidos. Si has sido criado por un narcisista o has pasado mucho tiempo con uno, es muy probable que hayas carecido de todo ello. Incluso después de haberte liberado físicamente, necesitas cuidados constantes y atentos para satisfacer ese hambre y recuperar el equilibrio emocional. No se puede simplemente apagar. Los narcisistas ven tu hambre de amor desde lejos y la utilizarán para manipularte. Es como una fuerza gravitatoria que actúa en contra de tu voluntad y nubla tu juicio, lo que puede llevarte a tomar decisiones equivocadas sin darte cuenta.

Obstáculo 4: Baja tolerancia a la vergüenza

Para vivir bien, es fundamental tener tolerancia a la vergüenza. Estar disociado del yo verdadero significa estar desconectado de la vergüenza. El problema es que, cada vez que una persona objetivo se ve obligada a enfrentarse a sus límites o comete un error, surge una vergüenza intensa que la obliga a disociarse de nuevo y a refugiarse en su imaginación. En lugar de ser una presión firme de la que aprender, la vergüenza se convierte en una bestia aterradora que debe evitarse a toda costa. El problema es que no puedes cambiar ni crecer a menos que estés en contacto constante con tu vergüenza. Hay que involucrarse en la vida, cometer errores y ajustar el rumbo continuamente. Si no puedes investigar y aprender de tu vergüenza, superar el narcisismo se vuelve mucho más difícil.

Obstáculo 5: El miedo

La vida bajo un régimen narcisista limita tu independencia. Aunque la vergüenza, el control mental y la baja autoestima desempeñan un papel importante, por lo general es el miedo a la libertad lo que impide que una persona dé el paso definitivo. El hecho de tener comprometida su fuerza de voluntad y de ser intimidado emocionalmente para asumir un papel sumiso hace que la persona objetivo se sienta incapaz de avanzar hacia una vida independiente. Aunque la situación actual sea degradante y abusiva, teme lo desconocido y se siente incapaz de afrontar lo que podría exigirle un estilo de vida más independiente, autosuficiente y dinámico. Es posible que no confíe en su capacidad para ser su propio líder.

El narcisista basa incluso sus juegos mentales en el miedo. Utiliza el miedo para mantener a la persona objetivo sumisa. Tira de los hilos emocionales de la persona objetivo y le hace creer que tiene la llave para garantizar su seguridad futura. Por ejemplo, si expresas tu descontento con la relación, el narcisista podría darte un plazo de 24 horas para «decidirte» antes de romper contigo. Lo que comenzó como una preocupación se convierte en un ultimátum. Empiezas a sentirte impotente y paralizado por el miedo.

Obstáculo 6: La culpa

La culpa es ese sentimiento incesante y punzante que te corroe a toda hora, sin descanso. Es como recibir una patada en el estómago cada vez que haces algo, dices algo o incluso piensas algo. Es un subproducto de vivir bajo un régimen narcisista. Cuando no actúas como él espera, el narcisista te recordará continuamente los «sacrificios» que ha hecho por ti, muchos de los cuales nunca le has pedido.

Cuando no puedes ir a cenar, pero preguntas quién va a ir y te responde «Bueno, tú no vas a ir, eso ya lo sabemos», comienzas a cuestionar tu lealtad hacia el narcisista. Sus estrictas expectativas hacia ti provocan numerosos conflictos que te hacen sentir culpable. Sientes que siempre le estás decepcionando. Innumerables situaciones de este tipo hacen que la culpa sea la emoción predeterminada que acompaña a muchas de las decisiones que tomas.

Obstáculo 7: Adicción a la desvergüenza

Lo más frustrante de crecer a la sombra del narcisismo es que quizá no estés acostumbrado a las personas «normales» que sienten vergüenza y tienen defectos sanos. Ser un «narcisista invertido» significa ser adicto a la desvergüenza. Obtienes un sentido del yo cuando sirves al narcisista. Los conceptos de grandiosidad y jerarquía se interiorizan profundamente, y te acostumbras a vivir a la sombra de una persona «superior» y a delegarle los retos de la vida. Se pierde la idea de las relaciones entre iguales que se conectan y se ofrecen amor mutuamente, y se te lleva a creer que las relaciones consisten en obtener ventaja y controlar a los demás para conseguir migajas de atención para tu ego.

Pasar tiempo con personas «normales» puede resultar entonces una experiencia discordante. Las personas «normales» expresan sus miedos y preocupaciones, admiten sus defectos y dudan al hablar. Y, por supuesto que lo hacen: están mostrando signos de tener una gama de emociones humanas normales y saludables. El narcisista no muestra estas características; no te agobia con su «humanidad». Esta adicción a la desvergüenza se convierte en un obstáculo para establecer relaciones saludables, ya que es posible que evites precisamente a las personas que pueden ofrecerte la empatía y la comprensión que necesitas. Para superarlo, tendrás que asumir la responsabilidad de ti mismo. Luego, deberás acostumbrarte a las relaciones en las que se comparte la vergüenza y el apoyo, en las que puedes mostrarte vulnerable con otra persona y también apoyarla en su vulnerabilidad.

Mantén el rumbo

Estos siete obstáculos aparecerán una y otra vez. Tu trabajo consiste en ser consciente de ellos y mantener el rumbo. Cuando los sientas o notes que surgen, recuérdate a ti mismo que solo son obstáculos; patrones condicionados que desaparecerán cuanto menos reacciones a ellos. Te resultarán desagradables y, debido a su carga emocional, sentirás que son una verdad incuestionable. Nada más lejos de la realidad. Siéntelos, obsérvalos y sigue adelante.

Destruir el mito

El gran enemigo de la verdad no suele ser la mentira, deliberada, artificial y deshonesta, sino el mito, persistente, persuasivo y poco realista.

— ***John F. Kennedy***

La batalla comienza cuando aceptas que el desequilibrio abusivo que has experimentado con el narcisista no es lo que caracteriza a las relaciones. El narcisista ha comprometido tu autoestima al romper las reglas. No había respeto mutuo, vergüenza compartida, calidez, comprensión ni empatía.

Es como si hubieras intentado jugar un partido de baloncesto con alguien que, en lugar de botar el balón y respetar las reglas, te diera una patada en la espinilla, corriera y anotara la canasta. Debes aceptar que, a pesar de este estilo de juego inaceptable, tú no sabías nada mejor y continuaste respetando las reglas y jugando mientras te pisoteaban. Ahora, tienes que salir de esa ilusión y ver el narcisismo como lo que es: una invención y un mito. Es una *mentira*.

Destruir el mito

La verdad es:

- *El narcisista **no** es mejor que tú.*
- *Tú **no** eres incompetente.*
- *Tú **no** necesitas a una persona con un supuesto poder superior para navegar por la vida.*
- *Las relaciones **no** consisten en desempeñar un papel.*

El narcisista te convenció de creer estas mentiras porque eras vulnerable. Cuando eras niño, eras vulnerable. Cuando estás en una relación y tu autoestima se ve comprometida, eres vulnerable. Cuando tienes hambre de amor, eres vulnerable. Las relaciones, por su propia definición, implican ser vulnerable. Los narcisistas se aprovechan de esto.

El camino hacia la libertad comienza cuando destruyes este mito de una vez por todas. No eres inútil ni débil. Te obligaron a jugar con alguien que no respetaba las reglas del juego. Así de simple.

Un plan para sanar

La vida, por su propia naturaleza, es experiencial, lo que significa que nuestras experiencias moldean nuestras creencias y comportamientos. El problema del narcisismo se halla en lo más profundo de nuestro ser. No cambia solo porque lo decidamos o porque leamos un libro. Para revertir el daño causado por el narcisismo, hay que crear experiencias opuestas y repetirlas una y otra vez hasta que se integren.

La estrategia para lograr el cambio consiste en establecer una lista de objetivos y trabajar para alcanzarlos mediante diversas prácticas. Se trata de un proceso continuo, en el que se avanza y se integra el progreso, seguido de más avances e integración. Los objetivos son faros: no se trata de alcanzarlos, sino de orientarse por ellos. Cuanto más tiempo trabajes en ello, más sabrás. Cuanta más experiencia adquieras, más profundizarás y más natural te resultará.

El proceso para matar a un narcisista consta de siete objetivos:

1. Sanar tu vergüenza tóxica

Cuando la vergüenza se convierte en tu identidad, impregna la mayoría de tus pensamientos e impulsos. Sientes vergüenza por desear algo, por decir algo o, simplemente, cada vez que eres consciente de ti mismo. El objetivo será afrontar y sanar la vergüenza, poco a poco, hasta que empieces a liberarte de ella. En última instancia, lo que se busca es sentir vergüenza solo cuando sea apropiado, y acostumbrarse a experimentarla sin equipararla con inferioridad.

2. Volver a la realidad

Si la disociación es tu estado habitual, no podrás tomar las riendas de tu vida. El objetivo es permanecer en contacto con tu yo verdadero y con tus emociones, y superar los obstáculos de la vida sin refugiarte en la fantasía de tu mente. Aunque al principio resulte chocante y doloroso, ser consciente de tus sentimientos y de tu situación vital te dará el poder para tomar el control.

3. Dominar tus emociones

La vergüenza es una de las emociones más difíciles de domar e integrar. De hecho, cualquier emoción puede dominarnos. Por eso, es importante tomar conciencia de una amplia gama de emociones y aceptarlas, ser capaz de funcionar mientras las sientes e integrarlas en un ego sano. Debes fortalecer la conexión entre la mente y las emociones para poder sentir la intensidad sin dejar de estar comprometido con tu situación vital y, a partir de ahí, tomar decisiones.

4. Desarrollar un ego sano y bien entrenado

Un resultado natural de dominar tus emociones es tener un ego más sabio e informado. Cuando tus emociones ya no te abrumen, tendrás espacio para pensar con claridad y eficacia. Serás muy consciente cuando alguien intente manipularte emocionalmente.

La recompensa definitiva por dominar tus emociones es darte cuenta de que, independientemente de cómo te sientas, puedes elegir actuar de manera completamente distinta. Esto puede resultar difícil cuando tus emociones te empujan en una dirección determinada. Cuando hayas superado el temporal, tu ego sano podrá funcionar con independencia de tu estado interior. Por fin tendrás una opción.

5. Desarrollar un sentido del yo sólido e independiente

Tener un sentido del yo sólido consiste en mirar hacia dentro y descubrir que hay mucho más que vergüenza y ansiedad abrumadoras. En tu interior existe una presencia tranquila y firme que no puede verse comprometida ni afectada. Las emociones y las situaciones son periféricas en comparación con este yo seguro que hay en tu interior. Desde este espacio seguro, sentirás que tienes un respaldo; una presencia segura y numinosa en la que apoyarte cuando las cosas se pongan difíciles. Como un yo sólido e independiente no puede verse comprometido, tendrás el poder de elegir. No te verás arrastrado en todas direcciones, te afianzarás en este yo fuerte y verás tu mundo desde una posición ventajosa.

6. Establecer límites firmes

El resultado natural de tener un sentido sólido e independiente del yo es que empezarás a establecer límites. Esto ocurrirá de forma natural. Cuando empieces a sentir tu yo verdadero, también empezarás a protegerlo. Cuanto más fuerte sea, más firmes serán tus límites. Cuando las personas (especialmente los narcisistas) te pongan a prueba, se toparán con tu fuerza. Sabrán que, para sacar lo mejor de ti, deberán ser justos y respetuosos.

7. Disfrutar de tu humanidad y encontrar tu pasión

Una vez que conectas con tu yo verdadero, este cobra vida propia. En lugar de una ansiedad constante, sentirás paz. Cuanto menos te disocias, más empezarás a sentir tu empatía y tu deseo de ayudar a los demás. Los límites débiles mantienen a una persona en vilo. Desde tu posición privilegiada, sentirás seguridad y fuerza. Como resultado, te sentirás con el valor necesario para intentar cosas que siempre has querido hacer. Invertirás menos tiempo y energía en intentar complacer a los demás y te conectarás profundamente con tus propias necesidades y deseos.

Mucho de esto no se puede explicar con palabras. Cuando la niebla comience a disiparse, experimentarás cosas que nunca habías imaginado. Un yo verdadero empoderado es único para cada persona y la forma en que vivirás tu vida a partir de ahí es impredecible y emocionante. La paradoja es que te resultará completamente natural. El miedo, la culpa, la ansiedad y la vergüenza ocultan este yo verdadero. Una vez que comienzan a disiparse, comienza la magia.

Estos siete objetivos se irán alcanzando gradualmente mediante las siguientes siete prácticas, diseñadas para ayudarte a volver al centro del continuo vergüenza/grandiosidad, tanto a nivel personal como relacional:

1. **Encontrar aliados**
2. **Liberar tu yo verdadero**
3. **Mejorar tus habilidades**
4. **Atreverse a brillar**
5. **Equilibrar la balanza**
6. **Establecer límites**
7. **Tierra quemada**

Cada una de estas prácticas incorporará uno o varios de los siete objetivos y te ofrecerá un marco para lograr un cambio duradero. Las prácticas uno y dos constituyen el núcleo en el que se basan todas las demás. Sin ellas, las demás están comprometidas. La conexión entre la mente y las emociones es crucial. Soportar, comprender y aceptar tus emociones te dará fuerzas para afrontar el resto de las prácticas. Por supuesto, puedes aprender y empezar a poner en práctica cualquiera de ellas, pero es importante que te centres inicialmente en las prácticas uno y dos.

A medida que explores las prácticas, tendrás nuevas experiencias, y tu psique comenzará a adaptarse. Algunas prácticas te resultarán más fáciles que otras. Quizás ya hayas establecido algunas amistades saludables o te resulte fácil poner límites.

Es posible que te sientas seguro aprendiendo y realizando actividades basadas en habilidades, pero no tanto a la hora de gestionar tus emociones (o viceversa). Lo más importante es que integres todas las prácticas. Las prácticas consisten en cambiar tus paradigmas, es decir, en adoptar una nueva perspectiva con la que ver el mundo de otra manera. Mantener los conceptos en tu mente te llevará a interpretar tus experiencias de manera diferente y, por tanto, tus creencias y comportamientos se adaptarán.

Trabajar en estas prácticas significa que es posible que sientas que no avanzas durante un tiempo, pero de repente las cosas empiezan a encajar. Las viejas creencias se irán imponiendo ocasionalmente y enturbiarán el agua, impidiéndote ver con claridad. Eso es lo que significa intentar un nuevo camino. Al principio, no puedes verlo todo. Pero a medida que avanzas, poco a poco se va formando una visión más amplia. Darás algunos pasos atrás y otros adelante. Es posible que tengas momentos de inspiración instantánea mientras lees este libro o que los experimentes más adelante, después de un poco de ensayo y error. Sin embargo, equipado con nuevos conocimientos y consciente de los escollos y obstáculos a los que te puedes enfrentar, tendrás todas las posibilidades de recuperar tu vida de las garras del régimen narcisista.

¿Listo? Empecemos.

Práctica 1: Encontrar aliados

Un amigo es alguien que te da total libertad para ser tú mismo.

— Jim Morrison

Cuando tu mundo emocional se ve secuestrado, significa que ya no estás al mando. Es fundamental que tengas un espacio interno para pensar, sentir y tomar decisiones de forma independiente. También es importante que expreses tu grandeza y que esta se vea, así como liberar tu vergüenza tóxica y fortalecer tu sentido del yo.

No puedes hacerlo solo. Con el tiempo, la vergüenza tóxica cobra impulso propio y comienza a funcionar de forma autónoma. Gran parte del daño causado por el régimen narcisista funciona de forma autónoma. No puedes escalar muros altos sin la ayuda de alguien del otro lado. Es una paradoja, pero para ganar autonomía y libertad, necesitarás apoyo. Necesitarás la ayuda de un grupo de personas que no sean narcisistas.

Práctica 1: Encontrar aliados

Resonancia límbica

La resonancia límbica es la conexión humana en su nivel más profundo. Se produce cuando dos personas están emocionalmente involucradas la una con la otra. Imagina que una persona expresa su tristeza por una situación. La otra persona puede empezar a contagiarse de esos sentimientos y, para evitar experimentarlos, le dice en tono jocoso: «¡Ánimo! ¡Todo irá bien!». Esta es una oportunidad perdida para la resonancia límbica.

Para que se produzca la resonancia límbica, la persona tendrá que involucrar sus propios sentimientos mientras escucha a la otra persona y simplemente permanecer presente con la emoción. Es casi como un trance. Hay un verdadero sentido de camaradería detrás de ello. A menudo, no es necesario decir palabras. Los ojos, la expresión facial y la postura corporal comunicarán que el oyente puede identificarse con lo que siente el que comparte. ¿El resultado? La persona que expresa sus emociones se sentirá profundamente comprendida, y la vergüenza desaparecerá.

Cuando alguien te ofrece resonancia límbica, te sientes aceptado y amado en el nivel más profundo. La autoestima aumenta y el yo verdadero cobra vida. La resonancia límbica nutre el alma. Es cálida y afirma la vida; es un suelo fértil en el que el yo verdadero puede prosperar. La conexión con un narcisista, en cambio, es fría y niega la vida; es hormigón armado donde nada puede crecer. La resonancia límbica es un ingrediente que falta en una relación con un narcisista. El narcisista está

Práctica 1: Encontrar aliados

tan centrado en su falso yo que no puede experimentarla. Está demasiado distraído.

En realidad, quien tenga miedo de sus propias emociones no podrá ofrecer resonancia límbica a otra persona. Muchas personas lo sustituyen por interpretar papeles. En tales casos, la verdadera conexión emocional se sustituye por gimnasia mental. La dinámica de muchas familias se sustenta en ese juego de roles que carece de sustancia real. Para abrirse al mundo emocional del otro, se necesitan un espacio seguro, límites saludables, madurez y valentía para afrontar los sentimientos turbulentos. Cultivar y mantener esta forma de relacionarse requiere mucha paciencia y habilidad.

Muchas personas ni siquiera son conscientes de lo que se están perdiendo. Gran parte de la población mundial ha experimentado niveles mínimos de resonancia límbica y, como resultado, ha perdido el contacto con su propia humanidad. No se puede ser verdaderamente humano sin estar en contacto con las emociones. Sin emociones, la vida se convierte en una abstracción mental. Como no la han sentido realmente, muchas personas ni siquiera son conscientes de la existencia de la resonancia límbica o de lo desesperadamente que la necesitan. La ausencia de este fenómeno es precisamente lo que deja a una persona en un estado de carencia de amor. Sin resonancia límbica, una persona se sentirá fragmentada, deprimida, ansiosa, impotente y sin esperanza. Se queda sumergida en un pantano pegajoso donde la vida es una escalada fría, oscura y cuesta arriba.

Sin embargo, cuando una persona comienza a experimentar la resonancia límbica de forma constante, se restablece el equilibrio. Se siente completa de nuevo, más feliz, más tranquila y más optimista. El yo verdadero comienza a aflorar y la vida fluye. La ansiedad se desvanece y comienza a construirse una sensación de seguridad y confianza. No debe subestimarse. La resonancia límbica es *crucial*. No importa cuántas personas conozcas. Sin ella, te resultará muy difícil avanzar hacia tu yo verdadero.

La dura verdad sobre la familia

Uno de los aspectos más difíciles del cambio es no tener a nadie a quien recurrir en busca de ayuda. El yo verdadero necesita sentirse seguro y apoyado. Necesita resonancia límbica. Cuando pensamos en las palabras «aliado» o «seguridad», pensamos en la familia.

Un error común es pensar que la familia *siempre* está ahí y que nos da exactamente lo que necesitamos. La realidad es que, si bien muchas personas cuentan con un gran apoyo familiar, otras muchas no reciben la comprensión y orientación que necesitan. Algunos vivimos lejos de nuestra familia. Otros venimos de familias emocionalmente distantes que tienen las mejores intenciones y nos ofrecen apoyo práctico, pero que, debido a la falta de resonancia límbica durante su propia educación, son incapaces de ofrecérnosla. Y, sencillamente, algunas personas proceden de familias plagadas de narcisistas.

Puede resultar bastante vergonzoso darse cuenta de que no se tiene una familia cálida y comprensiva a la que recurrir. Peor aún, aquellos a quienes de niños adorábamos y de quienes esperábamos amor y apoyo pueden ser precisamente quienes nos instrumentalizaron y utilizaron para satisfacer su narcisismo. Nuestro «hogar» podría haberse visto comprometido, nuestro suministro de amor envenenado. En estos casos, necesitamos aliados. Necesitamos personas que puedan servirnos de modelo de familia y que estén tan disponibles como sea posible para ayudarnos.

Encontrar un verdadero aliado

La vida con un narcisista causa una enorme confusión. Dejas de saber qué es real. Sin una voz de la razón, puedes enloquecerte muy rápidamente. Además, sin resonancia límbica, el narcisismo deja a la persona en un estado de hambre de amor.

Al comenzar tu proceso, un terapeuta puede ser de gran ayuda. La terapia funciona en dos frentes: por un lado, tener a alguien que te escuche de forma empática y que no menosprecie tus sentimientos te ayuda a sentirte amado y completo; por otro lado, tener a una persona que refleje tus emociones te ayuda a comprender mejor tu realidad. El terapeuta podría levantar una ceja ante un comportamiento extraño que tú consideras normal. Esto puede permitirte cuestionar tu realidad en un entorno seguro.

Una de las mayores ventajas de tener un terapeuta es poder contar con un apoyo constante y fiable. Si aún no has experimentado la resonancia límbica de forma constante, te resultará difícil ver cómo es la vida al otro lado del narcisismo. Los juegos mentales, la culpa y el miedo crean olas de duda. En

Práctica 1: Encontrar aliados

tus momentos de mayor debilidad, una sesión con el terapeuta puede darte un nuevo impulso de energía e ideas cruciales mientras pasas de la esclavitud psicológica a una vida de libertad e independencia.

Del mismo modo que la vergüenza tóxica nace en nuestras relaciones, solo puede liberarse bajo la mirada empática de otro. Cuando interactúas con tu terapeuta, es importante que no te autocensures. Para desentrañar tu yo verdadero plagado de vergüenza, y establecer un sentido del yo sólido, necesitas sentirte libre para expresarte tal y como eres. Igualmente importante es que tu terapeuta esté dispuesto a involucrarse en tu mundo emocional y a experimentarlo contigo. Tiene que subirse al carro y acompañarte durante todo el proceso, sin importar lo que compartas. Un narcisista te obliga a rechazar tu yo verdadero rechazándolo primero él. Tu aliado tendrá que aceptarte y darte espacio para ser tú mismo, liberándote así de tu jaula psicológica.

Al trabajar con tu terapeuta, es crucial que:

– **Expreses tus pensamientos:** no importa lo extraños o vergonzosos que sean tus pensamientos, revelarlos en un entorno seguro te permite liberarte de la vergüenza e investigar tus creencias desde la distancia. Lo que das por sentado puede que no sea tan «normal» después de todo. Además, te sorprenderá descubrir que incluso los pensamientos más vergonzosos pierden su poder cuando se sacan a la luz. El acto de compartir puede ser la parte más sanadora del proceso.

Práctica 1: Encontrar aliados

- **Expreses tus emociones:** si sientes un impulso, exprésalo y dale espacio para que exista. Si tu terapeuta ha hecho su propio trabajo interno, podrá empatizar contigo y acompañarte.
- **Te mantengas fiel a tus emociones:** al principio es difícil mantenerse centrado en las emociones y no rechazarlas, pero es una habilidad que se puede aprender. Si puedes evitar intelectualizar una emoción, abres un espacio para poder verla, sentirla, comprenderla y aceptarla.
- **Te mantengas consciente:** entrar en modo lógico (es decir, quedarte atrapado en patrones de pensamiento) puede desconectarte de tus emociones y frenar tu crecimiento. Por otro lado, si te dejas llevar por tus emociones, puedes perder la capacidad de comprender y ser racional. La terapia puede ser un lugar seguro para conectar ambos aspectos. Al permitir y permanecer con tus emociones, con el tiempo puedes aprender a comprenderlas y expresarlas. Estar en contacto con sentimientos difíciles mientras se mantiene la lucidez es una habilidad que se puede desarrollar, y tu sesión con el terapeuta es el lugar ideal para reducir el ritmo y practicar.
- **Compartas tus esperanzas y sueños:** en lugar de fantasear con tus esperanzas y sueños, empieza a expresarlos. La función del terapeuta no es animarte, sino brindarte un espacio para hablar de lo que realmente importa para ti. Incluso podría darte sugerencias prácticas sobre cómo conseguirlos.
- **Te enfrentes a la realidad:** salir de la fantasía puede ser difícil sin un espejo. La disociación y la fantasía implican que una persona se miente a sí misma sin ser consciente de ello. Un buen terapeuta cuestionará con delicadeza tus de-

Práctica 1: Encontrar aliados

lirios y te ayudará a ver tu situación vital con mayor claridad.

- **Te hagas responsable:** al compartir tus experiencias con el terapeuta, es importante que seas consciente de tus sentimientos y que aceptes la responsabilidad de tu vida. Mantén una actitud abierta ante las sugerencias para cuidarte mejor y reduce el ritmo para que el terapeuta pueda seguirte el paso. Muchas personas tienen la falsa idea preconcebida de que el trabajo del terapeuta es «arreglar» a las personas. Otras personas utilizan la sesión de terapia como un lugar donde descargar sus emociones abrumadoras sin intentar comprenderlas ni trabajarlas. El trabajo del terapeuta consiste en crear un espacio seguro para que tus emociones no te abrumen, y hacerte sugerencias útiles que te ayuden a avanzar. El resto depende de ti.

Gran parte de tu éxito en esta práctica dependerá de tu voluntad para soportar y aprender de tus emociones. También dependerá de tu terapeuta. Si es tolerante y capaz de soportar tus emociones, y permite que existan sin interferir en el proceso, pero al mismo tiempo ofrece estructura y orientación, tendrás el espacio psicológico necesario para desarrollar un sentido del yo más saludable y robusto. Encenderás el fuego que alimenta al yo verdadero.

A medida que progreses, ten cuidado con la trampa mental. Es fácil quedar atrapado repitiendo conceptos mentales una y otra vez. En su lugar, trata de ir más profundo y pregúntate qué estás sintiendo en cada momento. Cualesquiera que sean los acontecimientos que estés viviendo, aunque son importantes, no lo son tanto como tu estado emocional actual. Solo expresando tu verdadero estado emocional podrás avanzar. Quedarte en la superficie o quedarte atrapado en el drama de tu vida te mantendrá estancado.

Amigos

Necesitamos amigos. Más concretamente, necesitamos amigos que estén ahí por la amistad, no por el suministro narcisista. Es posible que los amigos no estén tan en sintonía ni tan disponibles como un terapeuta, pero sin duda pueden ofrecernos un tipo de amor y aceptación únicos.

Las amistades poco saludables y desequilibradas son perjudiciales para nuestro desarrollo. Además de brindarnos conexión y sustento emocional, nuestras relaciones deben basarse en el intercambio, el equilibrio y la igualdad. Las amistades no surgen de la noche a la mañana simplemente porque a dos personas les guste el fútbol. Al igual que ocurre con aprender a conducir, hay que acumular un cierto número de horas y superar una serie de retos antes de que los lazos de la amistad se hayan consolidado lo suficiente. Los narcisistas intentarán eludir la vulnerabilidad, la paciencia y el sacrificio necesarios para construir una relación sana y duradera.

Las personas que debes evitar como amigos son aquellas que:

– son demasiado rápidas en mostrarse agradables y desean convertirse en «mejores amigos» sin haber acumulado las millas necesarias.
– rara vez se interesan por tu vida y tu bienestar.

Práctica 1: Encontrar aliados

- cambian constantemente el tema de conversación para centrarse en sí mismas.
- desempeñan un papel que impide que surja un vínculo genuino en la amistad.
- te ridiculizan y te menosprecian.
- no se involucran emocionalmente contigo.
- desaparecen esporádicamente, pero luego reaparecen en un momento aleatorio.

En cambio, busca personas que:

- no utilicen el encanto para desarrollar un vínculo más fuerte contigo.
- aprecien una amplia gama de tus cualidades.
- rían contigo, no de ti.
- acepten que debe existir un espacio físico y emocional en una amistad.
- te sigan cuando expresas emociones difíciles.
- no pongan grandes expectativas en la amistad.
- den prioridad a la conexión y no a su propio ego.
- se comporten de manera coherente y abierta.

Práctica 2: Liberar tu yo verdadero

Sé valiente, atrévete a ser tu yo verdadero.

— Queen Latifah

Estar en presencia de alguien con un ego inflado puede limitar tu libertad de expresión y obligarte a desempeñar un papel que no se ajusta a tu yo verdadero. Pero es que, además, estar a la sombra de la desvergüenza de un narcisista puede hacerte sentir inferior e incapaz. La única forma de desarrollar plenamente tu yo verdadero es contar con una estructura segura, tolerante y flexible.

La buena noticia es que el yo verdadero nunca te abandona y siempre te espera con paciencia. Lo único que desea es que te conectes con él y fortalezcas continuamente vuestro vínculo. Para conectar eficazmente con tu yo verdadero, es importante que cuentes con un espacio seguro en el que puedas pensar y sentir de forma independiente, al margen de cualquier otra persona, sea narcisista o no. Esta es una oportunidad para dejar de lado los roles y las creencias limitantes, y sumergirte

Práctica 2: Liberar tu yo verdadero

para descubrir lo que hay realmente detrás de la máscara. Te permite comprender y aceptar todos los aspectos de tu subconsciente e integrarlos en tu consciencia.

Da forma a tu yo verdadero

Basándose en los principios de la terapia Gestalt, es posible desarrollar el yo verdadero partiendo de tu estado emocional actual y dándole forma. *Gestalt*, que significa «forma» en alemán, se centra en la experiencia de una persona en el momento presente, permitiéndole dar un paso atrás y observarse desde la distancia. Se trata de un proceso de autorresponsabilidad y autoconciencia. Hay una serie de actividades que puedes realizar para conectar con tu experiencia presente y luego inspeccionarla desde la distancia.

Puedes:

- **Escribir un diario de sentimientos:** no te limites a relatar lo que ha sucedido durante el día. Concéntrate en tus emociones y decide sobre qué quieres escribir. Observa la emoción y luego dale forma. Describe la emoción como si fuera un objeto, como un martillo, una mochila pesada o incluso una nube. Escribir un diario es un excelente complemento a la terapia y, cuando se hace correctamente y con valentía, puede ayudar a fortalecer la conexión entre la mente y las emociones.
- **Escribir poesía:** la prosa es estupenda, pero la poesía puede dar más fuerza a tu expresión emocional. Sigue tus impulsos y olvídate de los juicios. No escribes para un pú-

blico, sino para ti mismo. Explora cualquier tema que te atraiga, por oscuro que sea.
- **Tocar un instrumento:** mejorar la destreza con un instrumento es maravilloso, pero lo mejor de la música es su capacidad para resonar con tus emociones y darles expresión. El golpe de un tambor puede expresar la ira de una forma en la que las palabras no logran hacerlo. El sonido de una flauta puede liberar tu desesperación de una forma que no puede hacer la palabra hablada. Las cuerdas de una guitarra pueden hacerte sentir un cosquilleo. Puedes hacerte con un instrumento y buscar una habitación tranquila. También puedes alquilar una sala de ensayo, que vendrá equipada con instrumentos. Por último, puedes dar un paso más y participar en una terapia musical, que puede ser una forma muy eficaz de conectar con las emociones bajo la supervisión de un profesional.
- **Pintar o dibujar:** no es necesario ser un gran artista. Dibujar tus emociones puede revelarte aspectos de ti mismo que nunca habías imaginado. Es una forma de soñar mientras estás despierto, de dar vida visual a tus emociones subconscientes. Los resultados pueden sorprenderte.
- **Cantar:** cantar es una forma estupenda de combinar la eficacia de la música con tu voz. Al utilizar tu voz con más intensidad, puedes explorar frecuencias emocionales que normalmente no experimentas. También puedes combinarlo con la composición de canciones.

Lo que todas estas actividades tienen en común es que te permiten dar forma a tu subconsciente. Toman lo que está oculto en lo más profundo de tu ser, aquello que actúa fuera de tu conciencia, y lo sacan al mundo. En otras palabras, dan repre-

Práctica 2: Liberar tu yo verdadero

sentación a tu yo verdadero y permiten que se vea. Si se realizan correctamente, estos ejercicios darán vida a aspectos de ti mismo que quizá al principio no comprendas. Esto es normal y esperable. Un dibujo puede confundirte durante semanas antes de que puedas entenderlo. Pero cuando lo hagas, estarás más íntimamente conectado con tu yo verdadero que nunca. Así es como se produce el crecimiento.

Da igual la actividad que elijas, lo importante es que sea una actividad que realices en un espacio solo para ti. También es fundamental que vincules la actividad con tus emociones. Cuando dibujes, dibuja lo que sientes, aunque sea abstracto o no tenga sentido. No te limites a copiar otra pintura o a crear un retrato de alguien. Si tocas un instrumento, deja que tus emociones guíen el sonido y no tengas miedo de perderte en la música.

Intenta dejar atrás la mente pensante. Olvida la estructura y sigue tu instinto. No se trata de aprender habilidades y conceptos, sino de conectar con tus emociones y, por tanto, con tu yo verdadero. Al igual que la terapia, te permite establecer una conexión entre la mente y las emociones para comprender mejor cómo funcionas más allá de los pensamientos. Es la forma más eficaz de conocerte a *ti mismo*. Cuando surja una emoción, podrás sentirla plenamente, comprenderla y decidir si y cómo actuar. Esto te convierte en un oponente formidable para cualquiera que quiera manipularte.

Dar forma a tu yo verdadero puede resultar incómodo, ya que puedes experimentar emociones negativas. Esperemos que la terapia te haya ayudado a encender la llama y que, poco a poco, te estés acostumbrando a expresar y aceptar tus emociones, tanto las buenas como las malas. Un poema triste debería ser tan legítimo como una canción alegre. Un dibujo oscuro e intenso es tan válido como escribir sobre un día divertido y lo bien que lo pasaste. Incluso una incomodidad persistente y agobiante merece tu cuidado y atención. Todo forma parte de ti y todo tiene derecho a existir. Todo.

Que las emociones nos desborden es algo que nos sucede a todos. Las emociones van y vienen, pero *tú* permaneces. Cuando hayas desarrollado cierto dominio sobre tus emociones, tendrás la inteligencia necesaria para decidir quién tiene derecho a ellas. Lo mejor de todo es que te sentirás más humano y tú mismo que nunca. No hay límites en cuanto a lo profundo que puedes llegar.

Siéntate y espera

Las actividades creativas siempre son gratificantes, ya que te ofrecen un camino atractivo y activo hacia tu yo verdadero, y pueden dejarte con representaciones tangibles de tu subconsciente, lo que te permite conocerte mejor. También existe un camino más pasivo hacia el yo verdadero que es igual de gratificante, aunque a primera vista pueda no parecerlo. Se trata de la meditación sentada.

El «recuerdo del yo» consiste en sentarse durante un tiempo determinado con el único objetivo de permitir que el yo verdadero emerja. Se trata de un juego de espera, y nada más. El objetivo del recuerdo del yo es sentarte «contigo» el mayor

Práctica 2: Liberar tu yo verdadero

tiempo posible. Eso es todo. Te sientas allí sin esperar que suceda nada (aunque, paradójicamente, al final sucede algo).

Las instrucciones son las siguientes:

- Ve a una habitación tranquila donde no te molesten.
- Busca un lugar en el suelo, siéntate con las piernas cruzadas y mantén la espalda y el cuello rectos. Es útil tener un cojín de meditación para sentarse, ya que elevar el torso te permite mantener una buena postura y hace que la meditación sea menos dolorosa. Si no tienes un cojín de meditación, puedes apilar varias toallas o prendas de ropa, e incluso colocar una toalla debajo de las rodillas si el suelo es duro. Lo importante es estar lo más cómodo posible mientras mantienes una posición sentada y erguida.
- Pon un temporizador. El tiempo ideal es de 20 minutos. Al principio, es posible que tengas que empezar con una duración mucho más corta e ir aumentando poco a poco.
- Descansa las manos sobre el regazo.
- Mantén los ojos abiertos durante toda la sesión. Elige un objeto sencillo en el que concentrarte, por ejemplo, una taza sin dibujos. Úsalo como punto de referencia durante toda la meditación para concentrarte suavemente sin distraerte. Si sientes la necesidad de cerrar los ojos, hazlo, y ábrelos de nuevo cuando estés listo.
- Intenta mantenerte relajado pero concentrado durante toda la sesión.

Durante la meditación, te encontrarás con algunas dificultades. Estar sentado completamente quieto y en silencio no es algo que le guste a la mente, por lo que se rebelará. Debes estar preparado para ello. Exponer la mente, no permitirle distracciones y no darle ningún lugar al que ir supone una amenaza para su control sobre ti.

Aquí tienes una lista de los obstáculos más comunes y cómo afrontarlos:

- **Pensamientos incesantes:** mientras estás sentado, la mente seguirá funcionando. Esto es perfectamente normal. Es posible que te distraigas y empieces a pensar en la colada, que repitas partes del día como si fueran una película o que analices el objeto en el que te estás concentrando. La clave es darse cuenta y volver a centrar la atención en el momento presente. Una buena forma de hacerlo es enfocarte en tu respiración. Respira diez veces de forma lenta y profunda y, después, vuelve a un estado de descanso natural con una respiración normal. Otra forma de mantener la atención es concentrarse en el cuerpo. Dirige tu energía hacia la zona del pecho o hacia todo tu cuerpo y presta atención a cómo te sientes. Si detectas alguna sensación, profundiza en ella y explórala. Luego, vuelve a un enfoque relajado cuando estés listo.
- **Dispersión:** durante la meditación, cuanto más salga a la superficie tu yo verdadero, más miedo podrías llegar a sentir. A medida que el miedo aumenta, tu enfoque puede comenzar a dispersarse. Cuanto más se revele el yo verdadero, más fuerte debe ser tu enfoque. También es posible que te disocies durante la meditación, o que te quedes atrapado en un patrón de pensamiento. La idea es recuperar suavemente la concentración mientras se es consciente de las

Práctica 2: Liberar tu yo verdadero

sensaciones corporales. Se trata de un acto de equilibrio, en el que una concentración excesiva provoca un exceso de ego, lo que bloquea el camino hacia el yo verdadero. Una concentración insuficiente provoca que te vuelvas inconsciente, lo que significa que el yo verdadero te dominará y no podrás canalizarlo.

- **Dolor e incomodidad, incluidos los sofocos:** esto desaparecerá conforme realices más sesiones. Con el tiempo, tu cuerpo ha ido almacenando todas tus emociones reprimidas. Cuando practicas la meditación sentada, esas emociones salen a la superficie y se manifiestan como dolor. Es posible que lo experimentes especialmente en los hombros y la espalda. Algunos estiramientos suaves después de la sesión pueden ayudar, pero ten en cuenta que con el tiempo desaparecerá. Por supuesto, puedes dejar de meditar si las molestias se vuelven demasiado intensas, pero, cuanto más puedas tolerarlas, más eficaz será la sesión.
- **Dudas e impaciencia:** la mente jugará sus juegos. Te dirá que estás siendo tonto y que sería mejor que dedicaras tu tiempo a planificar tus próximas vacaciones. Pensará en otras innumerables cosas que podrías estar haciendo. Te dirá que lo que estás haciendo no tiene sentido. No le hagas caso. Todo es una artimaña. La mente odia sentirse expuesta sin nada que la distraiga. Cuando surjan estas dudas (y surgirán), simplemente reconócelas y sigue adelante.
- **Visión borrosa:** la meditación cambia la química de tu cerebro. La visión borrosa es un efecto secundario de este proceso, que desaparecerá a medida que profundices.

El recuerdo del yo tiene un objetivo: abrir un espacio para que emerja tu yo verdadero y puedas encontrarte con él. Sin embargo, te acercarás al ejercicio sin ningún objetivo. En el momento en que empieces a asociarle un objetivo, estarás alimentando la mente y, por lo tanto, mantendrás cerrado el camino hacia tu yo verdadero. El ejercicio consiste en trascender la mente y descubrir otro reino en tu interior. Debes estar lo más abierto y relajado posible. Ten la seguridad de que el proceso se desarrollará por sí solo; en realidad, no hay nada que tengas que «hacer» salvo mantenerte concentrado. Simplemente siéntate y espera. Debes estar alerta, pero descansado. Es un estado paradójico, pero tendrá más sentido con cada sesión.

La delgada línea entre el pensamiento y el yo verdadero

Descubrir y explorar el yo verdadero es un viaje personal que requiere fe. La mayoría de las personas pasan la mayor parte de su tiempo completamente identificadas con su mente, lo que consume toda su realidad y les impide estar arraigadas en algo más profundo. Esta falta de arraigo hace que sea más fácil ser manipulado. A la mente se le puede convencer de cualquier cosa, pero al yo verdadero, por otro lado, es mucho más difícil engañarlo.

Una persona puede «saber» intelectualmente sobre la existencia del yo verdadero, pero saber no equivale a experimentar. Puedes «saber» mucho sobre la ciudad de Londres, pero si no estás realmente allí y experimentas su diversidad, su ritmo acelerado y sus monumentos clásicos, nunca la conocerás de

Práctica 2: Liberar tu yo verdadero

verdad. Lo mismo ocurre con el yo verdadero. Como un pez en el agua, cuando comiences la meditación sentada, seguirás estando en el reino del pensamiento. Esto es normal. Es el punto de partida.

Si no has experimentado la auténtica conexión con tu yo verdadero, es posible que pienses que no existe. Debes tener fe, valor y paciencia mientras encuentras tu camino hacia ese lugar maravilloso. Hay un modo de *pensar* y hay un modo de *ser*, y cuanto más practiques, más evidente será la línea que separa ambos. Cuanta más fe y valor demuestres, más recompensado serás. Llegará un momento en el que lo descubrirás suficientemente y es posible que sonrías para ti mismo en señal de reconocimiento. Será un hito crucial en tu viaje y una pieza enorme del rompecabezas a medida que salgas del régimen narcisista y descubras tu verdadero poder.

Práctica 3: Mejorar tus habilidades

Las reglas son sencillas. Tómate tu trabajo en serio, pero nunca a ti mismo. Pon todo tu amor y todas tus habilidades, y los resultados llegarán.

— ***Chuck Jones***

Recuperar tu yo verdadero es increíblemente empoderador. Cuando empiezas a conectar con tus emociones y les das espacio para respirar, te das cuenta de que también te permiten acceder a más energía. Funciona de dos maneras: no desperdiciarás tu energía tratando de reprimir tus emociones y, al permitir que salgan a la superficie, tus emociones te darán energía.

Además, vivir dentro de los límites de un régimen narcisista te habría impedido ser tu propio líder. Los líderes abren nuevos caminos. Los líderes avanzan con valentía hacia lo desconocido. Los líderes tienen habilidades. Tú eres ese líder, aunque tal vez no hayas alcanzado todo tu potencial. Tienes un gran

Práctica 3: Mejorar tus habilidades

reto por delante. Esta práctica trata de ayudarte a estar a la altura.

Estar a la altura de tu potencial significa crecer. El crecimiento implica enfrentarse a la verdad y aprender a gestionar una serie de emociones incómodas. Gracias a las prácticas uno y dos, habrás sentado las bases para manejar tus emociones con una madurez mayor que nunca. A partir de ahí, puedes empezar a desarrollar más competencias para la vida y, al hacerlo, comenzarás a poner a prueba el mito del narcisismo. Eres capaz.

Esta práctica no consiste en superar a los demás, sino en elevar tu propio nivel. Ser más competente en la vida significa adquirir habilidades útiles y llevar a cabo actividades que desarrollen la fuerza interior y la resiliencia. A medida que aumentes tus habilidades, refutarás tus creencias limitantes. Lo que hagas y cómo lo hagas depende de ti, de tu situación vital y de tus gustos.

Algunas sugerencias son:

- **Viaja solo:** esta puede ser la aventura más intimidante y gratificante que puedes emprender. Pocas actividades te obligan a aprender tantas habilidades nuevas sobre la marcha como los viajes. Saber qué llevar en la maleta, organizar tu tiempo, decidir qué hacer, verte obligado a comunicarte de formas desconocidas, aprender sobre nuevas culturas y formas de vida... La lista es interminable. Cuando viajas a países extranjeros y te enfrentas a situaciones desconocidas, tu mente tiene que adaptarse de formas que

nunca antes había hecho y tu yo verdadero se despierta como nunca antes. Recordarás lo que es ver el mundo con «ojos nuevos».
- **Aprende un idioma:** expresarte en una lengua extranjera te permitirá ver el mundo desde una nueva perspectiva. Tu cerebro cambiará y, a medida que adquieras fluidez, también lo hará tu forma de verte a ti mismo. Tu identidad evolucionará y tu confianza crecerá. Evidentemente, ayuda estar en el país donde se habla el idioma, pero incluso si lo aprendes desde casa, sin duda es posible. Hay aplicaciones para aprender idiomas que puedes descargar. Puedes escuchar música, ver películas y leer periódicos y libros. Elige una cultura que te despierte verdadera curiosidad y dedícate a ella. Con el tiempo, te darás cuenta de que te estás acercando poco a poco a la fluidez.
- **Artes marciales:** una forma estupenda de conectar la mente y el cuerpo. Las artes marciales pueden empoderarte y reforzar tu confianza.
- **Apúntate a clases de cocina:** para los no iniciados, aprender a cocinar es tanto una habilidad como una forma de amor propio.
- **Lee libros de psicología o filosofía:** leer libros sobre la vergüenza y la vulnerabilidad, o libros de filosofía como *El mundo como voluntad y representación* de Schopenhauer o *El alquimista* de Paulo Coelho, puede ampliar tu perspectiva y hacerte apreciar más el mundo y la mente.
- **Actualiza tus habilidades tecnológicas:** para quienes no están en el sector, la tecnología puede parecer un territorio prohibido, solo para cerebritos. Tomar un curso básico de programación o de creación de sitios web, o incluso algo tan simple como aprender a escribir a máquina, puede

arrojar luz sobre el arte de los geeks. Te sorprendería lo creativo que es y cuánta imaginación requiere.
- **Haz un curso o taller de fotografía:** aprende a ver y a capturar el mundo que te rodea. Hoy en día, casi todo el mundo hace fotos con el móvil, pero no todo el mundo aprende el arte que hay detrás.
- **Aprende a tocar un instrumento:** hay innumerables tutoriales en vídeo y recursos en línea que cubren los conceptos básicos. También puedes aprender a tocar tus canciones favoritas para que te resulte más interesante.
- **Practica un deporte:** puedes estudiar y practicar las habilidades que requiere un deporte. Así, podrás combinar la diversión con la disciplina y ganarás más confianza.

Estar en la oscuridad total, sin nadie que te diga adónde debes ir y con la expectativa de que encuentres el camino por ti mismo, es una de las sensaciones más abrumadoras que se pueden tener. Sin embargo, puedes convertirte en la persona que afronta este tipo de situaciones.

A medida que adquieras más y más competencia en una serie de habilidades para la vida, tu capacidad y confianza crecerán. Poco a poco, empezarás a darte cuenta de que en tu interior hay una fuente de energía y sabiduría que nunca imaginaste que existía. La confianza genera confianza, y descubrirás que crees en ti mismo para afrontar nuevos retos.

Como se mencionó anteriormente, las prácticas uno y dos complementarán esta práctica, ya que aprender una habilidad no solo requiere paciencia, sino también fortaleza emocional.

Habrá días en los que las habilidades no te resulten fáciles y tendrás que persistir a pesar de los sentimientos de vergüenza, frustración e insuficiencia. Seguir adelante y aprender a actuar a pesar de la tormenta emocional es la clave para tener éxito en esta práctica.

El dominio es a la vez un acto consciente e inconsciente. Cada hora que inviertas en tu campo se acumulará silenciosamente. Antes de que te des cuenta, notarás que te has vuelto muy competente. Siempre es una sorpresa agradable. Esos momentos en los que te das cuenta de lo lejos que has llegado te animarán a seguir progresando. Y a medida que se disipen la niebla de la duda y la vergüenza, serás más consciente de tu propio potencial de crecimiento.

No hay mejor manera de desarrollar la tolerancia a la vergüenza que mediante el desarrollo de habilidades. Desarrollar competencias implica enfrentarte una y otra vez a tus límites. A lo largo de este proceso, aceptas mejor tus límites humanos y, paradójicamente, te vuelves más consciente de tu potencial interior. Este proceso no tiene fin, solo se vuelve cada vez más profundo.

Práctica 4: Atreverse a brillar

Asegúrate de poner los pies en el lugar correcto y luego mantente firme.

— ***Abraham Lincoln***

Al igual que ocurre con una cepa de gripe, podemos protegernos de ser víctimas de un narcisista si nos vacunamos. Sí, para ser más inmunes al narcisismo patológico de otros, debemos «inyectarnos» narcisismo aprendiendo a imponernos de forma saludable.

En primer lugar, no te preocupes; no hay agujas de por medio. En segundo lugar, no temas desarrollar un trastorno narcisista de la personalidad. Eres diferente biológicamente. Has sido bendecido con la capacidad de sentir vergüenza y culpa. Si estas emociones se insertaran como un chip en nuestro cerebro, los narcisistas tendrían un espacio vacío. Así que, hagas lo que hagas, nunca llegarás a ser un narcisista en toda regla. Mientras estés en contacto con esas emociones, seguirás teniendo los pies en la tierra. Recuerda que el narcisismo existe en un continuo y, aunque podamos subir y bajar en la escala, siempre podemos volver al centro.

La vergüenza constante que inflige un narcisista convence a su persona objetivo de que es indigna e incapaz. Esto hace que pierda la confianza en su grandeza, excepto, por supuesto, cuando se disocia y fantasea. Ocupar más espacio y destacar como alguien especial en el mundo real es un concepto que le resulta ajeno y que suele atribuir solo a los demás. ¿El remedio? Empieza a ser un poco más narcisista tú mismo. Deja de imaginar que eres especial y empieza a actuar en consecuencia. Al principio, te sentirás expuesto y asustado, ya que podrías encontrar resistencia en algunas situaciones, pero es algo a lo que te puedes acostumbrar. Al fin y al cabo, ¿qué podría ser más natural que vivir precisamente lo que la vida quiere que vivas? Las prácticas del uno al tres te darán una visión más realista de ti mismo y deberían elevar tu autoestima al nivel que le corresponde. Tu comportamiento debería ser simplemente una extensión de ello.

Sé especial, sé justo

El narcisismo patológico es grandiosidad que ha salido mal. Es una adicción a la grandiosidad que funciona avergonzando a los demás. Canalizar tu grandeza, cuando se hace con respeto, puede ayudarte a contribuir a tu mundo. Aunque eres un ser humano con defectos y limitaciones, también eres especial y capaz de hacer cosas increíbles, y sin duda tienes derecho a sacar eso a la luz.

No hay nada más hermoso que ver a una persona genuinamente humilde que cree, con pleno derecho, que es especial. No hay nada malo en tener amor propio y una autoestima alta. Lo malo es creer que se es Dios y cosificar a todo el mundo como resultado.

Teniendo en cuenta la diferencia entre grandeza y grandiosidad, puedes:

- **Hacerte público:** da más tu opinión, ofrécete a hacer una presentación en el trabajo, comparte tu trabajo creativo con el mundo u organiza eventos como una fiesta de cumpleaños o una inauguración de casa. Cuando te enfrentes a fricciones con el mundo o con las personas, mantén una actitud abierta y escucha, realiza los ajustes necesarios y sigue adelante. Piensa en ello como una contribución a tu mundo. Si lo haces con humildad y de una manera que aporte valor a los demás, la gente lo apreciará.
- **Tomar el control:** no dejes siempre que sean los demás los que planifiquen y se encarguen de todo. Haz sugerencias sobre dónde ir a cenar o propón planes y marca el camino. Hay una línea muy fina entre ser mandón y aportar valor a tus relaciones. Encuéntrala. Intenta comprender para quién estás planificando y busca actividades que gusten a todos. La fuerza y la comprensión son una gran combinación en las relaciones. Cuando puedes imponerte de una manera que mejora la vida de los demás, las personas se sentirán seguras en tu presencia. Sé esa presencia.
- **Soñar en grande:** piensa en ideas relacionadas con cosas que te apasionen y planifica cómo llevarlas a cabo. No te avergüences; estás soñando en grande porque eres grande

Práctica 4: Atreverse a brillar

por naturaleza. Piensa en el paso más pequeño que puedas dar y dalo. Hazlo a diario y, a medida que le dediques más tiempo, la representación de ese sueño se hará más clara en el mundo real. Reconoce tus contratiempos y obstáculos, y luego busca la forma de superarlos. Soñar en grande y luego hacer algo cada día para lograrlo es la forma de causar un impacto en el mundo. Da igual lo que sea, cuando estés en contacto con tu yo verdadero, serás hábil para seguir tu instinto y no necesitarás ninguna seguridad sobre por qué lo estás haciendo.

– **Tener un sentido de merecimiento:** toma la última porción de pastel (alguien tiene que hacerlo), pide perdón menos, no te pegues tanto a la pared cuando pases junto a alguien por el pasillo y habla un poco más alto. Mantén un contacto visual firme. Este mundo también es tuyo.

Si mejorar tus habilidades (práctica tres) te enfrentó a tu vergüenza, esta práctica te sumergirá en lo más profundo. Una cosa es enfrentarte a tus límites en la práctica diaria y otra muy distinta es destacar y abrirte a las críticas ajenas. Crear arte y hacerlo público es como invitar al mundo a ver tu corazón y tu alma. Hablar y destacar entre los demás puede molestar a algunos, especialmente a los narcisistas. Las heridas del pasado pueden reabrirse. Mostrar tu yo verdadero y sentirte juzgado y rechazado resulta doloroso. En estas situaciones, puede aparecer la vergüenza. El truco está en ir despacio y ser valiente.

También ayuda aprovechar al máximo la práctica uno (aliados) en esos momentos en los que te sientes vulnerable y expuesto. Destacar y mostrarse vulnerable en el mundo real es más fácil cuando se cuenta con el apoyo y la comprensión de las personas que están de tu lado. Tus aliados pueden decirte cuándo has ido demasiado lejos, o ayudarte a ver que aquello de lo que te sientes más avergonzado no es tan grave. También pueden animarte y darte ánimos cuando las cosas se ponen feas. Tus aliados pueden darte la perspectiva y el apoyo necesarios para perseverar en esta práctica hasta que se convierta en algo natural.

Además, a medida que tu sentido del yo crezca, tendrás un apoyo firme en el que apoyarte para sentirte cómodo cuando te enfrentes a momentos difíciles. Los reveses y los retos no destruirán tu fuerza de voluntad tan fácilmente. No necesitarás excusas, porque ya habrás hecho tu pacto con la vida. Ante todos los obstáculos, sabrás que simplemente estás haciendo lo que viniste a hacer a este mundo.

Adelante y conquista… tu vergüenza

Es difícil desarrollar un narcisismo saludable si no te sientes especial. Pero, cuando esa creencia se disipe, empezarás a darte cuenta de que, en realidad, eres infinitamente especial. Te darás cuenta de que gran parte de la vergüenza que sentías antes ni siquiera era necesaria; solo te mantenía encerrado en una jaula psicológica.

También aprenderás que vivimos en un mundo de abundancia, donde ser especial no implica menospreciar a los demás. Significa simplemente reclamar lo que es tuyo. Cuando te afirmes así, en lugar de ver a una oveja a la que pueden controlar,

Práctica 4: Atreverse a brillar

los narcisistas verán a alguien a quien temer —y el mundo verá a alguien a quien admirar.

Práctica 5: Equilibrar la balanza

Me siento hermosa cuando estoy en paz conmigo misma. Cuando estoy serena, cuando soy una buena persona, cuando he sido considerada con los demás.

— **Elle Macpherson**

Una relación con un narcisista nunca es equilibrada. Sus planes siempre tienen prioridad. En una conversación, su voz siempre prevalece. Cuando intentas influir en él, levanta muros enormes. A menos que le beneficie, dice que no.

Tu misión en la vida es cultivar relaciones equilibradas. Se trata de una habilidad que lleva tiempo perfeccionar. Si has estado en contacto con narcisistas durante la mayor parte de tu vida, es posible que hayas perdido de vista cómo es el equilibrio en una relación. Quizás seas el tipo de persona que siempre dice que sí, y luego ignora cuando la otra persona te sigue diciendo que no. Quizás te sientes en silencio y escuchas con empatía durante horas, ayudas a la otra persona con sus problemas, pero cuando expresas tus opiniones o problemas, te encuentras con una mirada vacía y un comentario despectivo.

El desequilibrio de la inversión emocional

Cuando no eres consciente de ello, la negativa del narcisista a mostrarse vulnerable crea un *desequilibrio en la inversión emocional*. Los narcisistas no creen en reflejar las emociones. Eso implicaría mostrar el yo verdadero. Su única forma de relacionarse es hacer que *tú* reflejes su *yo falso*.

Cuando dos personas conectan, el oyente suele elevar su intensidad emocional hasta alcanzar la de quien habla, logrando así una resonancia límbica. Sin embargo, cuando intentas «conectar» con un narcisista, no obtienes ninguna respuesta emocional, por lo que te esfuerzas más por transmitir tu mensaje. En lugar de invertir su yo verdadero, el narcisista descartará el contenido emocional de tu mensaje. Analizará tus palabras y luego hablará de ellas desde su punto de vista. Antes de que te des cuenta, la marea ha cambiado y tú te quedas reflejando al narcisista.

El desequilibrio de la inversión emocional puede resultar perjudicial para la persona objetivo. Esta llega a pensar que la resonancia emocional es un bien escaso y que, para que la gente la escuche, debe abrirse paso a la fuerza en la mente del oyente. Si has convivido con el narcisismo durante mucho tiempo, habrás desarrollado el hábito de esperar un desequilibrio en la inversión emocional. Al interactuar con otras personas, puedes terminar aumentando la intensidad de tus emociones y no darles la oportunidad de igualarlas y conectar contigo. Puedes

Práctica 5: Equilibrar la balanza

hablarles como lo harías con un narcisista, intentando imponerles el contenido emocional con la esperanza de que el mensaje cale antes de que la persona pueda interrumpirte. Sin embargo, el problema de tener tu láser emocional a plena potencia es que la otra persona no tiene espacio para conectar y resonar contigo.

Para evitar esto y fomentar una verdadera conexión, es necesario crear las condiciones para el equilibrio. Una conexión equilibrada solo puede producirse cuando:

- El hablante transmite su intención al oyente, dándole tiempo para comprender el mensaje y conectar emocionalmente con su intención.
- El oyente puede retener sus pensamientos y permitir que la intención del hablante impacte en su yo verdadero, dando así al hablante la oportunidad de expresarse.
- El hablante deja espacio para que el oyente intervenga y haga preguntas que le ayuden a comprender mejor su intención.
- Ambas personas son igualmente conscientes de la resonancia emocional de la conversación y pueden equilibrar la intensidad.

Ten en cuenta que la inversión emocional no es lo mismo que hablar. Un narcisista puede hablar durante mucho tiempo sin invertir realmente su vulnerabilidad en el intercambio. En realidad, lo que hace es utilizar su yo falso como cortina de humo. La inversión emocional se nota. Por ejemplo, podrías empezar a contar una historia sobre tu mascota que murió recientemente. La historia es una cosa y la expresión de tristeza que hay detrás es otra. Además, la respuesta de la otra persona es una cosa, y si empatiza con tu tristeza es otra. En un intercambio, puedes irte sintiéndote comprendido o sentir que nunca te han escuchado, incluso aunque la otra persona haya respondido. Lo que importa es la *emoción* que subyace al intercambio.

Si la persona con la que interactúas no iguala tu nivel de inversión emocional, incluso después de haberle dado espacio para hacerlo, o si continuamente secuestra la conversación, entonces es mejor poner fin a la interacción. Sin reciprocidad en el intercambio emocional, surgirá la vergüenza.

La trampa de la inversión emocional

El narcisista quiere que inviertas emocionalmente. Te mantiene atrapado en un ciclo de intentarlo, decepcionarte y volver a intentarlo. Con el tiempo, esto desgasta tu autoestima y te deja en un estado de ansia de amor. Escuchar, comprender y empatizar son nuestras formas de mostrar amor. Ser el receptor de esto nos recarga. Al igual que la comida o el aire, el yo verdadero necesita esto para prosperar. El narcisista también prospera con esto, pero de una manera diferente. Invertir en él le da un impulso a su ego y alimenta su suministro narcisista. Da igual si empatizas con él o si te defiendes de algo que ha dicho; mientras te involucres, le estás alimentando su suministro narcisista. En su caso, sin embargo, nunca se puede llenar.

Si empiezas a perder interés en él, el narcisista te alimentará con bocados de amor y encanto falsos para mantenerte enganchado. Fingirá empatizar y comprender, para hacerte creer de nuevo que puedes alcanzar el equilibrio. Si eso no funciona, creará drama para obtener tu atención. Podría declarar aleatoriamente que has estado distante o preocupado. Podría burlarse sutilmente de ti. Entonces, en el momento en que reaccionas y vuelves a involucrarte emocionalmente, él vuelve a exprimirte para satisfacer su suministro narcisista. Esa es la trampa.

Recuperar el equilibrio emocional en una relación con un narcisista es prácticamente imposible. Es como intentar encontrar agua en el desierto. La forma de recuperar el equilibrio emocional en tu vida es *encontrando personas que sean capaces de invertir emocionalmente de forma equilibrada*. Al pasar más tiempo con esas personas, irás viendo la diferencia entre los narcisistas y aquellos que tienen una vergüenza y una empatía saludables. Cuando lo tengas claro, será como la noche y el día. Si has pasado mucho tiempo viviendo en la oscuridad, es normal que olvides cómo se siente la luz del día.

La trampa del humor

Un narcisista utilizará el humor como una forma de control. Puede que se ría al decir algo mundano, solo para que tú te rías con él. Es un juego del tipo: «cuando yo digo jaja, tú dices ja». Podrías confundirlo con un tic nervioso, ya que ocurre muy a menudo y sin ninguna causa real. Siendo educado y consciente de las normas sociales, tú también te ríes, sin darte cuenta de que quizá no te hace ninguna gracia lo que ha dicho el narcisista.

Los narcisistas también ocultan el ridículo detrás del humor. Al decirlo de forma juguetona y a menudo en presencia de otras personas, te sientes obligado a reírte con ellos. Si esto se repite durante mucho tiempo, acabarás riéndote de ti mismo en su presencia. Con el tiempo, puedes llegar a estar condicionado a menospreciarte a ti mismo y a aceptar que otros te menosprecien.

¿La solución a este problema? Deja de reírte. No es gracioso. No tienes por qué reírte cada vez que alguien más lo hace. Y, desde luego, no tienes que reírte cuando eres el objeto de las burlas. Si estás en una relación en la que las bromas mutuas son la norma, entonces adelante. Las bromas pueden darle vida a una amistad. Pero no tiene sentido hacerlo con un narcisista, ya que él lo convertirá en una competición. Si siempre eres el blanco de las bromas o te das cuenta de que, en realidad, son hirientes y te hacen sentir inferior, simplemente niégate a reír. Al no reírte, le quitas el poder al narcisista.

La trampa de la conversación

Cuando la persona objetivo siempre está invirtiendo, el narcisista no necesita decir mucho. Por lo general, se trata de un juego de espera en el que, si el narcisista deja suficiente espacio, la persona objetivo acabará por llenarlo.

Sin embargo, muchos narcisistas utilizan la conversación como una forma de control. Suelen empezar preguntando por

Práctica 5: Equilibrar la balanza

tu vida, cómo estás o cómo te va en el trabajo. Una vez que te involucras, rápidamente vuelven a centrar la atención en ellos mismos y la mantienen ahí. Luego te bombardean con una avalancha de palabras que te atrapan, encadenando una serie interminable de conceptos mentales que apenas tienen relación contigo. Se dicen muchas palabras, pero no se dice gran cosa. Entonces te sientes atrapado porque eres demasiado educado para interrumpir, mientras tu frustración y desesperación siguen aumentando.

Hablar con un narcisista te hace sentir como si no existieras, y te deja frustrado y con la sensación de haber sido utilizado. La conversación debería ser un intercambio mutuo. El protagonismo debería compartirse y el interés ser mutuo. La inversión emocional debería ser igual por ambas partes. Una buena conversación puede alegrar el corazón y alimentar el alma. Una conversación con un narcisista, en cambio, puede dejarte con la sensación de que tu cerebro ha sido acribillado por una ametralladora de palabras. Es vacía y mentalmente agotadora. Este tipo de conversaciones deben interrumpirse a toda costa.

Práctica 6: Establecer límites

Podemos confiar en nosotros mismos para saber cuándo se están violando nuestros límites.

— Melody Beattie

Hanna tenía terribles dolores de estómago. Llevaba varias semanas trabajando once horas al día y su jefe no dejaba de asignarle más tareas. Esperaba que terminara en un par de horas una tarea que le llevaría todo un día, además de otras muchas. Hanna era la única en la empresa capaz de llevar a cabo ese trabajo, por lo que aceptó las tareas sin oponer resistencia.

La mayoría de los días se saltaba la pausa para comer y almorzaba en su escritorio. Estaba ansiosa porque nunca conseguía ponerse al día. En realidad, se esperaba que hiciera el trabajo de dos personas. No había dormido bien y se sentía resentida por tener que cumplir las órdenes de su jefe. Un día, el director de recursos humanos se percató de su malestar y la mandó a casa a descansar. Tras descansar medio día, volvió a la oficina y reanudó su trabajo. El dolor de estó-

mago había remitido un poco, pero aún le causaba molestias. Se sentía atrapada y muy triste.

Historias como la de Hanna son habituales. Nadie puede hacer nada porque la persona maltratada no dice nada. Muy a menudo, siente que no tiene otra opción. Cualquiera con una idea clara de los límites sabría cómo manejar una situación así. Trabajaría solo ocho horas al día y se aseguraría de que las horas extras fueran la excepción, no la norma. Se tomaría un descanso completo para almorzar. Indicaría claramente cuánto tiempo lleva realizar una tarea y rechazaría aquellas con plazos poco razonables o las pospondría hasta que la carga de trabajo fuera manejable. Informaría a la dirección de que el sistema no funciona y de que no va a ser un mártir. Alzaría la voz.

Cuando un narcisista te elige como su persona objetivo, espera que hagas lo que él quiere, cuando él quiere. Tiene muy poco respeto por tus derechos y límites. Te ve como un objeto que puede utilizar. Si quiere ir a una fiesta y quiere que vayas con él, te presionará hasta que cedas, sin importar cómo te sientas. Si expresas que estás enfermo o débil, empezará a desear que lo superes y sigas haciendo lo que él quiere. Se emociona mucho cuando se da cuenta de que alguien tiene límites débiles.

Los narcisistas esperan que seas un libro abierto. Necesitan saber todo lo que haces, piensas y sientes. Se sienten con derecho a cada centímetro de tu vida. Puede resultar difícil saber dónde terminas tú y dónde empiezan ellos. Cuanto más tiempo lleva sucediendo, más difícil es verlo.

Si tus límites son débiles, tendrás problemas. Las personas que te respetan respetarán tus límites, aunque no los expreses. Sin embargo, seguirán deseando que seas más claro sobre lo que está bien y lo que no. La falta de límites pone nerviosas incluso a las personas más respetuosas.

Los narcisistas, por otro lado, lo verán como una invitación abierta para salirse con la suya. Pondrán a prueba los límites de todas las personas que conozcan hasta que encuentren la manera de influir en ellas. Es como una serie de puertas en un edificio. Las comprobarán una por una hasta que encuentren una que esté abierta. Y, cuanto menos digas que no, más insistirán.

Tener algo que defender

El requisito evidente para establecer límites es que tengas algo que proteger. Al igual que una valla alrededor de un terreno, necesitas tener un sentido del yo sólido antes de poder crear un límite a tu alrededor. Cuando te concentras en tu interior, necesitas experimentar paz y fortaleza. Necesitas encontrar algo que te diga exactamente quién eres. Las prácticas uno y dos están diseñadas para ayudarte a hacerlo. Ten en cuenta que esto no incluye la práctica tres. No es lo que puedes hacer lo que te da un sentido del yo, sino más bien una conexión profunda y duradera con tu yo verdadero.

Práctica 6: Establecer límites

Cuando un narcisista insiste en algo de ti, tu primera reacción sería buscar dentro de ti una respuesta a su demanda. Si solo encuentras ansiedad y miedo, o te sientes fragmentado y separado de tu yo verdadero, sentirás que no tienes otra opción. Sucumbirás. Te sentirás sofocado y lleno de desesperación.

Por otro lado, si tienes un sentido del yo fuerte, te conocerás a ti mismo como un individuo con necesidades y deseos. Sabrás que tu estado interno y lo que quieres en un momento determinado pueden ser diferentes a los de la otra persona, y que eso está bien. Si una persona quiere que comas comida vietnamita con ella, pero tú ya comiste eso anoche y ahora te apetece algo más contundente, sabrás que no es adecuado para ti en ese momento. Si el narcisista lee tu correo, sentirás que no es asunto suyo y se lo harás saber. Si tu jefe narcisista, un viernes por la noche a las seis de la tarde, te pide espontáneamente que termines una tarea nueva, y tú solo quieres llegar a casa y pasar tiempo con tu familia, sentirás que es hora de decir lo que piensas.

Eres un individuo con voz propia. Solo tú sabes lo que es adecuado para ti y que tu situación puede ser diferente a la de otras personas en un momento determinado. Negar los límites de alguien es un abuso. Tratar a alguien como si no tuviera voz ni voto es un abuso. Los límites son un derecho humano básico que a nadie puede negarse. Sin embargo, no existe una policía de los límites personales. No es un delito sobrepasar los límites emocionales de otra persona. *Depende de ti hacerlos respetar.*

Práctica 6: Establecer límites

Ten en cuenta que lo que hoy te parece un límite adecuado, mañana puede que no lo sea. En el ejemplo de la comida vietnamita, podrías posponerlo hasta más adelante en la semana, sabiendo que tarde o temprano te apetecerá. Tu mente, tu cuerpo y tu espíritu te irán indicando qué límites debes establecer. Normalmente, cuando hay una discrepancia entre lo que has permitido y lo que realmente estabas dispuesto a aceptar, lo notarás como una sensación de malestar en el estómago. Por eso, es importante que conozcas tu estado antes de tomar una decisión. Una vez que evalúes cómo te sientes, tendrás múltiples opciones:

- Decir «sí», sabiendo que estás de acuerdo al cien por cien.
- Decir «no», sin excusas, sabiendo de todo corazón que no es lo que quieres.
- Decir «sí» con condiciones, porque necesitas ajustar la petición de la otra persona para sentirte cómodo.
- Decir «no», pero con una concesión, en la que afirmas que, aunque estás diciendo que no, estás dispuesto a aceptar parte de la petición o a posponerla.
- Decir «no lo sé». A veces, cuando nos sentimos abrumados por la vida o por nuestras emociones, simplemente no sabemos lo que queremos en ese momento concreto. Es importante sentirse bien con eso. «No lo sé, dame una hora para decidir» también es una respuesta válida, especialmente cuando estás empezando a establecer límites de forma consciente. Si alguien intenta coaccionarte para que le des una respuesta inmediata, debes responder con un «no» rotundo.

Cualquier invasión de tu espacio mental y emocional es inaceptable, y eres responsable de protegerlo. También es tu responsabilidad reconocer la culpa que surge cuando dices «no» y ser capaz de afrontarla y procesarla. Los límites consisten en que dos personas se empujen suavemente entre sí y traten de encontrar un equilibrio. Si una persona empuja demasiado, es responsabilidad de la otra empujar suavemente hacia atrás. La desagradable sensación de atrapamiento y resentimiento suele surgir cuando dices «sí» a algo que no quieres, por lo que rara vez es una buena opción. Un «no» crea opciones. Un «sí» a regañadientes es una concesión pasiva que te causa daño, mientras que un «no» es informativo y útil para ambas partes. Aprender a utilizarlo puede empoderarte tanto a ti como a tus relaciones.

También puedes negociar una petición. Para ello, primero debes aprender a identificar lo que tu yo verdadero quiere en cada momento. A medida que vayas dominando esta habilidad, podrás utilizar tus instintos para valorar la situación. En ocasiones, por el bien de nuestros seres queridos, es posible que accedamos a su petición sin importar nada más. Pero te sorprendería saber con qué frecuencia una persona aceptaría tus límites y sería capaz de cooperar contigo para garantizar la satisfacción de ambas partes. Incluso un narcisista tendrá que aceptar un límite tarde o temprano. Lo detestará y puede que se resista, pero, si ve que vas en serio, lo aceptará.

Perder los estribos

Salir de la subyugación, desarrollar un sentido del yo sólido y luego empezar a establecer límites no es siempre fácil. Cuando

Práctica 6: Establecer límites

te das cuenta del tiempo que el narcisista ha vulnerado tu derecho a poner límites, es posible que descubras que tu ira se desborda. Es posible que pases por una etapa en la que quieras decir no rotundamente a todo lo que cualquier persona te pida. Puede resultar difícil saber quién se está aprovechando de ti y quién no, y qué peticiones son razonables, sobre todo cuando el narcisista se muestra encantador.

Esta fase de ira, si la atraviesas, acabará pasando. A veces, a medida que descubres tu sentido del yo, es posible que necesites establecer límites irrazonablemente estrictos solo para explorar los extremos. Es posible que necesites pasar una cantidad irrazonable de tiempo solo y decir «no» muchas veces. Quizás necesites eliminar todo el estrés y la presión solo para mantener el control de tus emociones. Aislarte podría ser justo lo que necesitas.

Recuerda que establecer límites consiste en conocer tu estado en cada momento y decidir en consecuencia. Si tu estado físico y mental te dice que estás enfadado y que quieres decir que no a todo, entonces hazlo. Si te dice que estás abrumado y no puedes pensar con claridad para dar una respuesta en ese momento, entonces así debe ser. Nunca hay un único camino correcto; depende de muchos factores. Lo que es correcto un día, puede ser incorrecto al día siguiente. Se trata de conocer y aceptar tu estado en cada momento.

A medida que mejores y empieces a establecer límites firmes, notarás que quienes se preocupan por ti te respetarán más y que los narcisistas te dejarán en paz. Te sentirás más cerca de tu yo verdadero y empezarás a proteger más tus propios intereses.

Ya es suficiente

Una forma sutil de establecer límites que normalmente no utilizan las personas objetivo de los narcisistas es la capacidad de decir «basta». Las personas objetivo se sienten obligadas a dedicarles su tiempo, incluso cuando no quieren. El poder que el narcisista ejerce sobre ellas suele ser demasiado fuerte y sienten que no tienen otra opción.

Ser arrastradas de compras, sentirse obligadas a quedarse más tiempo en eventos sociales o verse envueltas en charlas interminables puede resultar asfixiante. Sin límites, la persona objetivo acabará sintiéndose impotente y con una dolorosa sensación de desesperación. Establecer límites no consiste solo en decir «no», sino en decidir cuánto tiempo y recursos queremos dedicar a los demás. Se trata de dar más voz a nuestro yo verdadero y reducir el poder que tienen sobre nosotros el sentido del deber y la culpa.

Decir «basta» no tiene por qué ser algo prematuro. A menudo podemos permanecer en una situación, pero cambiar las condiciones del compromiso. Por ejemplo, podemos ir de compras con alguien, pero dedicar parte del tiempo a buscar cosas que nos interesen. No es necesario rechazar una invitación a un evento social, pero, si sientes que ya es suficiente, puedes organizar cómo irte. Puedes hablar con alguien y luego terminar la conversación educadamente si se vuelve demasiado pesado. Durante las vacaciones, puedes decir que necesitas unas horas para descansar antes de salir a explorar.

Si las personas que te rodean te quieren, serán flexibles y estarán dispuestas a negociar cada situación para que todos se sientan cómodos. Es un proceso dinámico. Sentimos lo que sentimos y preferimos lo que preferimos. Todos somos únicos. Tenemos derecho a cambiar la situación para adaptarla mejor a nuestro estado interno. Cuando lo hacemos al servicio de nuestro yo verdadero, nunca tenemos que sentirnos culpables.

Además, ten cuidado con los juegos mentales que puede utilizar un narcisista para traspasar tus límites. Por ejemplo, puede intentar hacerte sentir tonto por poner límites y convencerte de que otras personas no los establecen. Podría crear una lista de razones convincentes para que cooperes e intentar acorralarte hasta que cedas. Es fundamental que dejes atrás el mundo del bien y del mal y comprendas que la palabra del narcisista no es el evangelio —solo lo es la palabra de tu yo verdadero.

Práctica 7: Tierra quemada

El sacrificio no es más que la producción de cosas sagradas.

*— **Georges Bataille***

Tierra quemada es una estrategia militar utilizada por un pueblo cuando el enemigo avanza sobre su territorio. Se quema todo lo que pueda ser útil al enemigo, como casas, alimentos, vehículos, servicios públicos o equipos, sin dejar nada que pueda ayudar al enemigo a mantener su asalto.

Sentir empatía por los demás nos hace quererlos. En muchos casos, eso es lo que queremos. En lo que respecta a los narcisistas, necesitamos amarlos tanto como necesitamos que nos atropelle un camión. Sí, los narcisistas suelen ser personas heridas y mantener su yo falso les resulta doloroso. Pero creer que pueden cambiar o intentar que jueguen limpio nunca funciona. Debemos negarnos a seguir el juego. Lo hacemos desconectándonos de nuestras emociones. Recuerda que el juego sigue en marcha mientras nuestras emociones nos atan a la otra persona. Desconectarnos de nuestras emociones pone fin al juego de manera efectiva. Desvincularse emocionalmente del narcisista es privarlo de su poder sobre nosotros. Y lo hacemos con *desprecio*.

El desprecio es un estado de desaprobación, en el que vemos a la otra persona como alguien que no está a la altura de nuestros estándares personales. El desprecio es el chico popular del colegio que mira por encima del hombro al chico que supuestamente no es tan popular. El desprecio es la persona que nos hace sentir incómodos porque es tan amable que resulta molesto. El desprecio se siente hacia el chico que se une a un grupo de amigos que se conocen desde hace años y finge ser uno de ellos.

En tu caso, puedes verte como una persona íntegra, con vergüenza y culpa saludables, y con un sentido moral que te permite jugar limpio. Desde ahí, puedes ver al narcisista con desprecio, es decir, como una persona que:

- carece de integridad, vergüenza saludable, culpa saludable y sentido moral.
- no juega según las reglas.
- tiene poca capacidad de cambio, autorreflexión o crecimiento.

Al replantearte mentalmente tu posición en relación con el narcisista y elevar los estándares de tus relaciones, puedes colocarlo en una caja donde tus emociones no puedan entrar.

Estar emocionalmente aislado de las personas es desagradable e inhumano. El desprecio nunca es algo bueno. Es un de-

Práctica 7: Tierra quemada

sierto sin calidez. Es un muro enorme creado por una persona para evitar que la «manchen» aquellos a quienes siente desprecio, es decir, las personas que considera por debajo de sus estándares, sean cuales sean estos. Pero en el caso de nuestras relaciones narcisistas, es como recibir quimioterapia para nuestro cáncer. Tierra quemada. El juego termina abruptamente. En cambio, podemos optar por invertir nuestras emociones en relaciones más sanas y enriquecedoras. Solo entonces terminará el drama.

Es importante señalar que desconectarse de tus emociones no es fácil. Pero la clave está en hacerlo de forma estratégica. Por mucho que nos guste creer que siempre debemos ser empáticos y abiertos, cuando alguien nos maltrata abiertamente y se aprovecha de nuestras emociones, simplemente no merece que le dejemos entrar. Esto no quiere decir que el narcisista se rinda y se porte bien. Quiere sacar provecho de su inversión de tiempo. Intentará volver a atraerte. Puede que se enfade o te haga el vacío. Puede que te acuse de ser insensible. Puede que se haga la víctima o actúe con tristeza. Hará todo lo posible para que te sientas culpable. Nuestra compasión siempre nos empujará a acercarnos a las personas que vemos sufrir y a ceder en nuestra postura. El narcisista es consciente de ello y lo aprovechará. Es fundamental que reconozcas el impulso que surge, lo aceptes y continúes con normalidad.

Si un narcisista va a permanecer en tu vida, entonces debes utilizar la estrategia de la tierra quemada cada vez que sientas que se avecina una manipulación. A medida que empieces a ver al narcisista con más claridad, sentirás la necesidad de establecer límites emocionales.

No toques la patata caliente

No solo debemos protegernos de las invasiones evidentes, sino también de las encubiertas. Como se ha explicado anteriormente, la vergüenza puede manifestarse de muchas formas sutiles y pasivas. Cuando alguien intenta avergonzar a otra persona, es como si le estuviera pasando una patata caliente. Quema. La clave es negarse a coger la patata caliente o devolverla.

Si el narcisista te acusa de hacer algo o de no hacer algo, es posible que lo haga solo para provocarte una reacción. Es importante detectarlo y luego guardar la respuesta emocional. La estrategia de la tierra quemada consiste en intentar separar la emoción del hecho. Si lo que el narcisista te acusa no tiene fundamento, puedes devolver la patata caliente afirmando con calma que tiene derecho a su opinión, pero que tú no estás de acuerdo con lo que dice.

Incluso si las acusaciones del narcisista tienen algo de fundamento, puedes aceptar sus críticas y decidir si es necesario tomar medidas. Muy a menudo, la reacción emocional se impone a la razón y oculta el problema real: el narcisista está tratando de avergonzarte. Tu arrebato emocional es justo lo que el narcisista espera. Quiere que te dejes llevar por tus emociones y que aceptes la patata caliente. Si, en cambio, respondes con calma y con sensatez, mantienes el poder en tus manos y haces que el narcisista rinda cuentas.

El narcisista podría intentar hacerte sentir vergüenza burlándose de ti o menospreciándote. Puedes evitar la patata caliente de varias maneras:

- No refuerces lo que dice ni te rías con él.
- No intentes justificarte ni avergonzarlo a él también.
- Si sientes la necesidad de actuar, simplemente cuestiona sus motivos. Pregúntale qué quiere decir exactamente y pídele que justifique sus comentarios. Trátalo como si fuera una entrevista. Responde de manera profesional. Sé objetivo.
- Si te sientes afectado por el narcisista, espera hasta más tarde y luego habla con un amigo de confianza para que compruebe si las palabras del narcisista tienen fundamento.

Evitar la patata caliente es un proceso que consiste en reprimir la respuesta emocional y pasar al ámbito racional. En lugar de sentir lo que dice el narcisista o buscar la resonancia límbica en tu interacción con él, puedes analizar sus palabras y comprobar si hay algo de verdad en ellas. Tu respuesta emocional alimenta al narcisista; cuestionarlo y negarte a reaccionar nivela el campo de juego. Evitar la patata caliente consiste en analizar y procesar cada palabra que sale de la boca del narcisista. Se trata de ser un aguafiestas y no poner excusas por ello.

No muerdas el cebo

Karen le entregó las llaves a su casero después de que este realizara la inspección final. Él se mostró amable, rápido y cooperativo.

En las semanas previas a la entrega, su casero le exigió que renunciara a 200 dólares de la fianza para pagar la «limpieza del horno», algo que no figuraba en el contrato. Cuando Karen se negó, el casero le envió numerosos correos electrónicos agresivos y personales en los que le decía que debía cooperar y que estaba siendo «infantil». Le preguntó «qué pensaría su madre» y la llamó «niña sucia» por su falta de limpieza.

Karen se quedó impactada. ¿Por qué una relación comercial se había convertido de repente en algo personal? Nadie en su sano juicio se comportaría así. Finalmente, temerosa de lo que pudiera pasar después, cedió y aceptó pagar la tarifa de limpieza del horno, aunque no figuraba en el contrato y no estaba justificada. Como se sentía insegura al estar sola con el casero, Karen decidió pedirle a un amigo que la acompañara a la entrega del apartamento.

Todo salió bien y, con la presencia del amigo de Karen, el casero se comportó de la mejor manera posible. Al día siguiente de la entrega, Karen recibió el correo electrónico más mordaz hasta la fecha, que contrastaba radicalmente con el comportamiento del casero durante la entrega del apartamento. Volvió a hacer comentarios personales sobre su higiene, llegando incluso a decir que era «repugnante». Le preguntó cómo podía vivir en tal «suciedad» y continuó haciendo comentarios sobre cómo la madre de Karen se avergonzaría de ella, a pesar de que no conocía a la madre de Karen. No había dicho nada durante la entrega en presencia del amigo de Karen y, de hecho, había firmado un documento en el que afirmaba que todo estaba bien. Karen estaba comprensiblemente conmocionada y confundida. ¿Qué demonios estaba pasando?, pensó. ¿Cómo debía responder a este correo electrónico?

A Karen le resultaría imposible entender *por qué* su casero se comportaba así. Sin embargo, estaba claro que era un narcisista. Su tono crítico y agresivo, así como sus declaraciones extravagantes, lo demostraban. El casero se sentía realizado al ejercer su poder sobre las mujeres jóvenes. Había sido sincero con Karen sobre el hecho de que solo toleraba a mujeres jóvenes en su apartamento. Parecía que le atraía sembrar el caos en las mentes y los corazones de sus inquilinos.

Karen tenía muchas ideas sobre cómo responder al correo electrónico. Quería explicarle que había limpiado bien el apartamento, que él estaba siendo hiriente y que sus acusaciones carecían de fundamento. También quería preguntarle por qué no había dicho nada durante la entrega, cuando su amigo estaba presente. Tenía muchas cosas que decir y que preguntar. Entonces recordó el primer incidente con la limpieza del horno. Entrar en el juego del casero solo había despertado más su ira, y él simplemente había añadido más drama e insultos.

Karen sabía qué hacer. Mostró el correo electrónico a algunos amigos que habían estado en su casa muchas veces y sabían lo limpia que estaba en realidad. Todos coincidieron en que el casero estaba loco y en que no entendían por qué había enviado un correo electrónico con insultos tan extraños. Todo lo que decía era subjetivo y carecía de fundamento. Al saber que no estaba loca, que no era asquerosa y que no vivía en la suciedad (ni lo había hecho nunca), optó por guardar silencio. Sus emociones eran una cosa, pero lo correcto era otra. Lo dejó estar. Sin respuesta. Sin preguntas. Sin defensa. Sabía que su casero buscaba una respuesta emocional con la que alimentar su narcisismo. Su intención era hacerla sentir incómoda y avergonzada. Ese era el único objetivo de su correo electrónico.

Se negó a morder el cebo.

Aunque todavía estaba muy conmocionada y dolida, Karen decidió simplemente seguir adelante con su semana. No se involucraría en el drama. Dirigiría cualquier emoción no resuelta relacionada con la situación a un amigo cercano o a su terapeuta, o escribiría sobre ello en su diario. Se había mudado a su nuevo apartamento y su nuevo casero era, en todos los sentidos, amable y cooperativo. Si su casero narcisista le causaba problemas con respecto a cualquier aspecto contractual, solo se comunicaría con él para tratar ese tema, sin implicarse emocionalmente. Si fuera necesario, recurriría a abogados. Si él le enviaba más correos electrónicos insultándola personalmente, no diría *nada*. Si él se comportaba de manera delictiva o la amenazaba, llamaría a la policía. Tierra quemada.

El juego de la culpa

Vivir bien es la mejor venganza.

— **George Herbert**

El abuso narcisista genera mucha rabia y frustración. Para algunos de nosotros, esto comenzó en la infancia, a manos de las mismas personas a las que se les había confiado nuestro cuidado cuando no teníamos voz ni voto. Algunos bajamos la guardia al asumir la regla de oro, y pasamos años envueltos en dramas y miseria emocional antes de despertar finalmente a la verdad. Pero ahora el secreto ha salido a la luz. Miras esta oscura y horrible verdad, sintiéndote utilizado y lleno de ira. Señalas con el dedo. Necesitas un objeto sobre el que descargar toda tu ira por todo el tiempo perdido y el sufrimiento innecesario.

Aunque podemos culpar a los narcisistas de nuestras vidas, también podemos volcar esa rabia contra nosotros mismos de forma irracional. Podemos culparnos por haber caído en sus juegos mentales. Podemos preguntarnos por qué aguantamos los insultos y toleramos que ignoraran nuestras necesidades.

Podemos preguntarnos por qué nos conformamos con menos y permitimos que nos atraparan de nuevo, a pesar de que una parte de nosotros nos gritaba que nos marcháramos. También podemos culparnos por el hecho de que, a pesar de ser ahora adultos con libre albedrío, seguimos entrando en relaciones con narcisistas.

Sí, tienes motivos para estar enfadado. Te han hecho daño. Si sientes la necesidad de expresar tu ira, debes encontrar la manera de hacerlo. Sin embargo, culpar al narcisista hace que la atención se centre fuera de ti y te distrae de la búsqueda de la libertad. Tu indignación *alimenta* al narcisista. El hecho de que tu indignación sea inútil puede ser lo más enfurecedor de todo.

Además, culparte a ti mismo te mantiene en un estado mental autodestructivo y también te distrae de la tarea que tienes entre manos. Cuando has sido condicionado para desempeñar un papel determinado y no conocías otra forma de actuar, la culpa no es tuya. Se trata de un cambio de mentalidad difícil, pero necesario: la culpa no es algo que debas buscar en absoluto. Seguir señalando con el dedo no lo solucionará. Por el contrario, tu libertad y tu empoderamiento son en lo que mejor puedes invertir tu energía. Puedes canalizar tu indignación de múltiples formas saludables y creativas que benefician y mejoran directamente tu vida.

Confía, pero verifica

«Confía, pero verifica» es un proverbio ruso que popularizó el presidente estadounidense Ronald Reagan. Encierra mucha verdad en muchos aspectos de la vida, y no menos en el trato con el narcisismo.

La vida no es blanco o negro. A veces encasillamos a personas que no se lo merecen. El narcisismo existe en un continuo; es diferente para cada persona. Todos tenemos que lidiar con esta realidad. No va a desaparecer. Es una característica permanente de la naturaleza humana. Sin embargo, su existencia no debería obligarnos a encerrarnos en un agujero profundo lejos del mundo. Para vivir una vida plena, necesitamos liberar nuestro yo verdadero y confiar en que todo saldrá bien. Es una sensación maravillosa, ya que, al confiar y ser sinceros, nos abrimos a muchas posibilidades emocionantes.

Eso no significa que debamos ser ingenuos. Independientemente de la persona, debes darle un nivel básico de confianza, pero al mismo tiempo ponerla a prueba. ¿Está a la altura? Puedes relajarte en tu yo verdadero mientras observas casualmente con tu mente. Se trata de estar alerta, pero relajado. Se trata de utilizar tu ego sano para hacer lo que debe hacer: supervisar lo que es bueno y lo que es malo para ti. Sin embargo, este control no debe realizarse de forma fría. Lidiar con el narcisismo no consiste en etiquetar a una persona y luego olvidarse de ella. Se trata de intentar ver cada nueva situación tal y como es, y luego decidir si es el momento de cerrarse o alejarse. El desprecio es una herramienta que solo debes utilizar cuando sea necesario.

La vida es hermosa, y muchas de las personas con las que nos cruzamos enriquecerán nuestra experiencia. Estas personas pueden cometer errores y, en ocasiones, actuar de forma hiriente (y narcisista). Todos tenemos la capacidad de ser fríos y calculadores, no solo los narcisistas. Los seres humanos hacemos cosas crueles para evitar el dolor y la vergüenza. Pero no debemos arriesgarnos a perder todo lo que la vida tiene para ofrecer porque cerramos la puerta demasiado pronto. Debemos confiar, siempre, y debemos verificar. Siempre.

Nuevos comienzos

No basta con vivir... hay que tener sol, libertad y una florecilla.

— Hans Christian Andersen

Con las siete prácticas, empezarás a tener un sentido del yo más fuerte. También:

– Serás capaz de separarte de tus emociones, soportarlas y gestionarlas con habilidad.
– Serás capaz de diferenciar tus emociones de las de los demás y, al hacerlo, podrás protegerte de la manipulación.
– Comprenderás que cada persona es responsable de sus propias emociones.
– Dominarás tu vergüenza, lo que te permitirá aceptar tu humanidad y crecer como persona.
– Encontrarás formas creativas de expresar tu yo verdadero.
– Ganarás confianza y desarrollarás nuevas habilidades.
– Cultivarás relaciones equilibradas y satisfactorias.
– Tendrás aliados en los que confiar cuando lo necesites.

- Serás mucho más inmune a la subyugación y al abuso narcisista.
- Explorarás tu pasión con vigor y vivirás una vida plena.

También empezarás a experimentar paz interior, y notarás que se abre un espacio que antes no existía. Ese espacio se convertirá en tu fortaleza, no solo frente a los narcisistas, sino también frente a las presiones del mundo. La batalla se libra en torno a esta fortaleza. Cuando dejes de complacer al narcisista y empieces a alejarte de sus juegos para atender tus propios intereses, el narcisista lo notará y se resistirá. Puede que te embista con toda su rabia. Es posible que intente uno de sus muchos trucos, todo con la esperanza de acceder a tu fortaleza y así reanudar su manipulación.

No lo permitirás. Tu fortaleza es sagrada y pura, y sentirás el impulso natural de protegerla a toda costa. Independientemente de lo que el narcisista te ofrezca, sin importar si te ataca con culpa o vergüenza, a pesar de los juegos mentales que juega, querrás permanecer en esta fortaleza, sabiendo lo segura que te hace sentir. Puede que sea necesario terminar una relación con un narcisista, especialmente si esta es destructiva, y aplicar el «contacto cero». Esto será mucho más fácil cuando tengas tu fortaleza para ayudarte a capear la tormenta.

Golpe de estado

Una vez que empieces a matar a los narcisistas, es posible que sientas la necesidad de un cambio de régimen. Si es así, el siguiente paso será identificar y liberarte de todos los narcisistas de tu vida.

Incluso las relaciones y estructuras más normales pueden verse afectadas por el narcisismo. Es posible que tengas que cambiar de trabajo, distanciarte de tus familiares, dejar que tus relaciones y amistades se acaben o incluso cerrar un negocio. Esto sucederá gradualmente a medida que refuerces las siete prácticas.

Las estructuras y relaciones de tu vida no tienen por qué ser necesariamente malas. Al considerar cada una, pregúntate: *¿Cuán opresiva es? ¿La valoro? ¿Me permite ser yo mismo? ¿Apoya mi crecimiento o me mantiene estancado en una rutina?* Para cada una de tus relaciones y compromisos, piensa en a quién o a qué estás sirviendo. Ayudar en el crecimiento de tu hijo o hija, por ejemplo, es realmente digno, mientras que servir a las necesidades narcisistas de un jefe distante e indiferente realizando un trabajo que odias, no lo es. Sacrificar tu tiempo para satisfacer el hedonismo de un amigo narcisista puede resultar emocionante durante un tiempo, pero no es tan satisfactorio como compartir experiencias con un compañero y ayudaros mutuamente a crecer. Tendrás que determinar qué relaciones y qué estructuras oprimen a tu yo verdadero y buscar cómo sustituirlas por otras que te sirvan mejor. Cuanto más refuerces las siete prácticas, más fuerte será la voz de tu yo verdadero. Con el tiempo, será tan fuerte que no tendrás más remedio que escucharla. Entonces actuarás.

Fuera lo viejo, dentro lo nuevo

Alejarse de un régimen narcisista deja un gran vacío. No debes subestimar el efecto psicológico que esto tendrá en ti. Puede ser un momento emocionante y turbulento a la vez. Seguramente surgirán el miedo y la incertidumbre, pero si tienes un fuerte sentido del yo y el apoyo de tus aliados, lo gestionarás.

¿Y ahora qué?, te preguntarás entonces. Nadie puede ayudarte a resolver esto. Luchamos por liberarnos del narcisismo para poder finalmente tener el derecho de responder a esa pregunta por nosotros mismos. Cuanto más en contacto estés con tu yo verdadero, más podrán revivir tus impulsos de la infancia. Eso puede ser un buen punto de partida. Algunas personas sienten la necesidad de recordar sus sueños de la infancia y luego buscar formas prácticas de hacerlos realidad en la edad adulta. Quizás decidas disfrutar de tu libertad de una manera más sencilla. Cuando se abran las compuertas, sabrás qué hacer.

Con valentía, el apoyo de otros e imaginación, recorrerás el nuevo camino que se abre ante ti y comenzarás a vivir la vida que te corresponde. Cuando puedas trabajar de manera creativa con lo que tienes, las posibilidades son infinitas. El pasado ha terminado; lo que viene después depende completamente de ti.

La venganza es un plato que es mejor no servir

En momentos de duda y frustración, es normal que quieras expresar tu furia. Quizás quieras descargar tu ira contra el narcisista y pagarle con la misma moneda. Por otro lado, podrías apelar a su humanidad, decirle cómo te ha herido y esperar que se sienta culpable o avergonzado. Quizás no quieras cortar por lo sano y, en cambio, prefieras invertir un poco más de tiempo en intentar cambiar al narcisista. Podrías darle un discurso sincero sobre el amor y, así, llevarlo al buen camino. Quizás quieras salvarlo de los horrores de su pasado.

No lo hagas.

Es una píldora muy difícil de tragar. Recuerda siempre que los narcisistas no juegan con las mismas reglas. No puedes apelar a su sentido moral. Solo cambian de comportamiento cuando empiezas a alejarte, y en cuanto vuelves al juego, continúan como antes. Les mueve el instinto de supervivencia, no el amor ni la comprensión emocional. Crear una nueva realidad independiente te da libertad, mientras que participar en los juegos del narcisista te mantiene atrapado en su realidad.

Nada desestabiliza más a los narcisistas que la indiferencia. Su identidad y su sentido del yo se basan en las reacciones de los demás. Su sentido de poder se intensifica con cada reacción que obtienen de su persona objetivo. Cada vez que mueven un hilo y obtienen una respuesta, confirman su autoproclamado estatus de seres supremos. Cada artimaña que funciona les proporciona una inyección de satisfacción directa en las venas. Por otro lado, perder el control sobre ti es como una muerte para ellos. Con cada mirada fría que les diriges y con cada límite firme que estableces, les arrebatas su fuerza. Caerán en un abismo y experimentarán la disolución de su ego.

Cuando se logra la «muerte» del narcisista, el foco de atención se aleja de él y vuelve a ti y a tu viaje. A medida que transcurre cada día, recuerda la ley de la grandiosidad. Pregúntate: ¿A quién estoy adorando y por qué? En cada relación y en cada papel que desempeñas, ¿qué parte de ti abandonas? ¿Te estás convirtiendo en un eco o en un sirviente? ¿Estás renunciando a tus valores por sentirte culpable por decepcionar a los demás? ¿Vives en una prisión invisible donde te sientes impotente? ¿Es todo lo que quieres de tu vida? ¿Es todo lo que naciste para ser?

Tu condicionamiento subconsciente es como una bestia obstinada que te desafiará a cada paso. No triunfarás de un solo golpe. Hay que hacerse las preguntas anteriores todos los días y en todas las situaciones hasta que el barco cambie de rumbo lentamente. Se necesita valor y perseverancia. Se necesita el apoyo de buenas personas. Se necesita recordar constantemente tu yo verdadero y hacer todo lo posible para mantenerte conectado con él. A través del dolor y la alegría, el miedo y la culpa, el éxito y el fracaso, la duda y la debilidad, recuerda siempre mantenerte fiel a tu yo verdadero. Es el mejor aliado que jamás tendrás. Incluso cuando no te resulte natural, busca el equilibrio en tus relaciones y, en lugar de adorar a un dios falso, cree en ti mismo. Recuerda *confiar* en ti mismo, pase lo que pase.

Después de experimentar algo de libertad psicológica, es posible que haya momentos en los que te encuentres interpretando inconscientemente un papel. Puede que estuvieras teniendo un buen día y estuvieras lo suficientemente abierto como para volver a caer sin darte cuenta en las trampas del narcisista. Quizás te sentías especialmente vulnerable. Sucede. Como siempre, la clave es practicar una vigilancia tranquila y relajada, y permitirte cometer errores de vez en cuando.

Lo más importante a medida que avanzas en este viaje es que seas amable contigo mismo. Abstente de los juicios y deja que tu yo verdadero simplemente sea. Recuerda que eres un ser humano digno de amor y respeto. Cometes errores. Tienes límites. También tienes todo el derecho a soñar en grande, al tiempo que tienes la responsabilidad de respetar a tus semejantes. Al igual que Superman o Superwoman, tienes el potencial de desarrollar una fuerza abundante. Cuanto más resiliente te vuelves emocionalmente, más poder adquieres en tu vida. Y al igual que Superman o Superwoman, te guías por tu brújula moral. Los héroes saben que su poder y su fuerza son una responsabilidad para cuidar de los demás, no una licencia para manipular y controlar. Como un árbol con raíces profundas y ramas frondosas, serás inamovible y seguirás ofreciendo tu fruto a quienes buscan el amor mutuo. Ese es el camino hacia una vida plena. Ese es el arte de matar a un narcisista.

www.ingramcontent.com/pod-product-compliance
Lightning Source LLC
LaVergne TN
LVHW011831060526
838200LV00053B/3976